Klasse 6 der Gymnasien

von
Klaus Graeff *Johannes Opladen*
Georg Heinrichs *Marga Pfeffer*
Detlef Müller *Jürgen Reimers*

Ernst Klett Verlag
Stuttgart Düsseldorf Leipzig

Hinweise zur Benutzung

Dieses Buch soll Schülerinnen, Schüler, Lehrerinnen und Lehrer durch den Physikunterricht begleiten. Es will den Unterricht mit seinen Experimenten nicht ersetzen, doch bietet es die Möglichkeit, den Lernstoff selbständig nachzuarbeiten. Ferner enthält es interessante Zusatzinformationen und gibt zahlreiche Anregungen, um selbst zu forschen.

Gliederung der Kapitel im Buch

Jedes Kapitel beginnt mit einer **Einstiegsseite**, die auf den folgenden Stoff hinführt. Die Unterkapitel (Paragraphen) beginnen mit einer Beschreibung der grundlegenden **Versuche**. Kennzeichen ist das Versuchsdreieck in der Kapitelfarbe (siehe Inhaltsverzeichnis). Daran schließt sich das **Grundwissen** mit dem notwendigen Wissensstoff (Problemgeschichte, Begriffsdefinitionen, Erklärungen und Folgerungen aus Experimenten) an. Weiterführender Stoff und Zusatzinformationen sind in den **Ergänzungen** enthalten, die mit einer gelb unterlegten Überschrift beginnen oder auf braunem Hintergrund stehen. Versuche, Grundwissen und Ergänzungen kommen in jedem Kapitel mehrmals vor. Am Ende eines Kapitels befinden sich die **Aufgaben**. Sie bestehen aus zwei Teilen, den Heimversuchen und Erkundungen, sowie den Fragen zu den verschiedenen Paragraphen des Kapitels. Teilweise werden auch Lösungsbeispiele aufgeführt.

Das Unterrichtswerk *Impulse* Physik, *Klasse 6* wurde von
Klaus Graeff, Georg Heinrichs, Detlef Müller, Johannes Opladen, Marga Pfeffer und Jürgen Reimers

in Zusammenarbeit und Beratung mit Wilhelm Bredthauer, Gunter Klar, Prof. Dr. Michael Lichtfeldt †, Martin Schmidt und Peter Wessels verfasst.

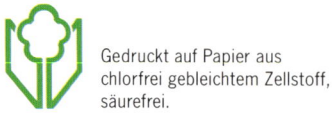

Gedruckt auf Papier aus chlorfrei gebleichtem Zellstoff, säurefrei.

1. Auflage

A 1 7 6 5 4 3 | 2004 2003 2002 2001 2000

Alle Drucke dieser Auflage können im Unterricht nebeneinander benutzt werden, sie sind untereinander unverändert. Die letzte Zahl bezeichnet das Jahr dieses Druckes.
© Ernst Klett Verlag GmbH, Stuttgart 1993.
Internetadresse: http://www.klett-verlag.de
Alle Rechte vorbehalten.

ISBN 3-12-772400-4

Satz: F & A Sepat, Becheln
Repro: Hesz Satz Repro, Nürnberg
Druck: Appl, Wemding

Einbandgestaltung und Grafik:
Alfred Marzell, Schwäbisch Gmünd

Inhaltsverzeichnis

Ausdehnung bei Erwärmung 5

Wir erhöhen die Temperatur fester
   Körper 6
Temperaturerhöhung bei Flüssigkeiten
   und Gasen 10
Heiß oder kalt? 12
Heimversuche, Fragen 14

Energie unterwegs 17

Wir erhitzen Wasser 18
Energietransport in Materie 20
Energietransport mit Materie 22
Wir lassen Luft und Wasser
   strömen 23
Energietransport ohne Materie 24
Wärmedämmung 25
Heimversuche, Fragen 26

Elektrische Stromkreise 29

Anschließen von elektrischen
   Geräten 30
Ein- und Ausschalten von Geräten 32
Gute und schlechte elektrische
   Leiter 34
UND- und ODER-Schaltungen 36
Schaltungen mit Umschalter 37
Reihen- und Parallelschaltung 38
Trickreiche Schaltungen 39
Beispiele, Heimversuche, Fragen 40

Wirkungen des Stromes 43

Dauer- und Elektromagnete 44
Magnete und ihre Wirkungen 45
Wärme- und Lichtwirkung des elek-
   trischen Stromes 47
Gefährliche Schaltungen 48
Sicherheit im Stromkreis 49
Geräte mit Thermostat 50
Elektrischer Strom und Energie 51
Beispiele, Heimversuche, Fragen 54

Lichtquelle und Lichtempfänger 57

Vom Sehen 58
Lichtempfänger 62
Energie unterwegs mit Licht 63
Heimversuche, Fragen 64

Ausbreitung des Lichtes 65

Licht breitet sich geradlinig aus 66
Licht und Schatten 68
Beispiel, Heimversuche, Fragen 71

Energie 73

Transport und Speicherung von
   Energie 74
Entwertung von Energie 76
Heimversuche, Fragen 78

Stichwortverzeichnis 79

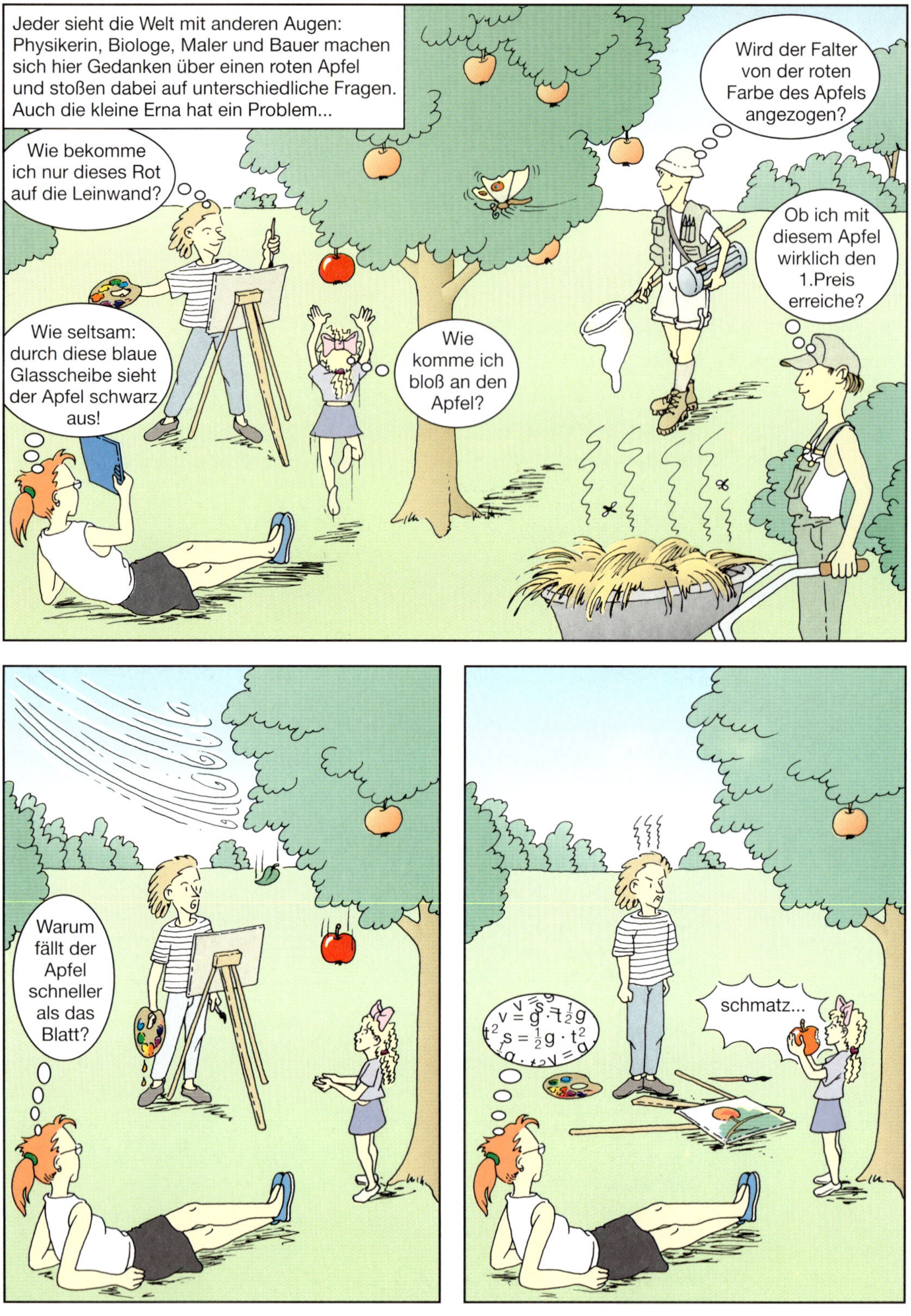

Ausdehnung bei Erwärmung

Der erwärmte Eisenring passt gerade auf das Rad.
Wenn er abgekühlt ist, sitzt er so stramm, dass er nicht mehr heruntergezogen werden kann.
Wie ist das möglich?

Der Geist in der Flasche

Nicole holt eine leere Flasche aus dem Kühlschrank. Auf die Öffnung der Flasche legt sie eine angefeuchtete Münze. Nun umfasst sie die Flasche mit beiden Händen. Plötzlich vernimmt man ein leises Klicken der Münze.
„Der Geist des Kühlschranks ...", kichert Philipp.
„Schau genau hin, die Münze wird an einer Seite angehoben. Der Geist will bestimmt aus der Flasche heraus!"
Immer wieder vernimmt man das Klicken der Münze. Erst nach einiger Zeit hört es auf.
Natürlich glaubst du nicht daran, dass hier ein Geist seine Hände im Spiel hat. Aber wer hebt da die Münze an?
Führe den Versuch selbst durch und beobachte!

Ausdehnung bei Erwärmung 5

Wir erhöhen die Temperatur fester Körper

VERSUCHE

1 Fuge zwischen Brückenteilen

2 Lagerung eines Brückenteils auf Rollen

3 Die heiße Kugel passt nicht mehr durch das Loch.

Größere Brücken werden nicht starr an den Pfeilern befestigt, sondern auf Rollen gelegt. Die Fugen zwischen den Brückenteilen sind im Winter größer als im Sommer. Offensichtlich ändert sich die Länge der Brücke. Ist das auf die Temperaturunterschiede zurückzuführen?

① Ein dünner Eisendraht wird straff zwischen zwei Haken gespannt. Sobald er mit dem Gasbrenner erhitzt wird, hängt er schlaff. Beim Abkühlen wird er wieder straff.

② Die kalte Eisenkugel in Abb. ▶ 3 ist so groß, dass sie gerade noch durch das Loch passt. Sie wird nun stark erhitzt. Gleichgültig in welcher Lage wir die heiße Kugel in das Loch drücken, sie passt nicht mehr hindurch.

③ Der Lehrer erhitzt das Messingrohr in Abb. ▶ 5. Mit dem Keil wird es dabei fortwährend nachgespannt. Anschließend wird es wieder abgekühlt. Dabei bricht der Eisenbolzen plötzlich.
VORSICHT vor umherfliegenden Eisenteilen!

④ Verhalten sich Stäbe aus unterschiedlichem Material gleich? In Abb. ▶ 4 untersuchen wir 1 m lange Rohre aus verschiedenem Material. Hindurchfließendes kaltes oder warmes Wasser bringt sie jeweils auf die gleiche Temperatur. Durch jedes Rohr lassen wir zunächst Wasser von 20°C fließen, stellen den Zeiger auf 0, lassen Wasser von 80°C hindurchfließen und notieren den Zeigerausschlag. Die Zeigerausschläge unterscheiden sich bei den verschiedenen Rohren.

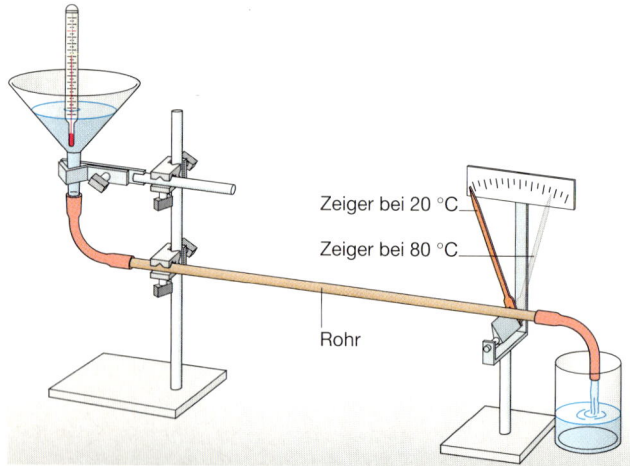

4 Versuch zum Vergleich der Längenausdehnung bei verschiedenen Rohren

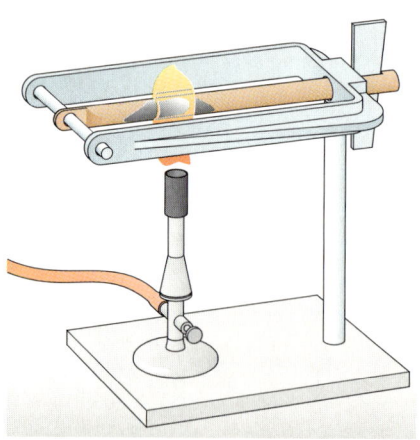

5 Der Bolzensprenger: beim Abkühlen bricht der Eisenbolzen.

Ausdehnung bei Erwärmung

Ausdehnung von festen Körpern bei Temperaturerhöhung

Ein Eisendraht wird länger, wenn man seine Temperatur erhöht. Lässt man ihn wieder abkühlen, zieht er sich wieder zusammen. Gleiches beobachtet man auch bei anderen festen Körpern wie Eisenschienen, Betonplatten oder Glasscheiben.

Bei der Temperaturzunahme werden sie nicht nur länger, sondern auch dicker. Bei dünnen Drähten lässt sich dies jedoch nicht so leicht feststellen wie bei dicken Stangen oder Kugeln.

Feste Körper dehnen sich nach allen Seiten aus, wenn man sie erwärmt. Sie ziehen sich wieder zusammen, wenn man sie abkühlt.

Wie weit dehnt sich ein Körper bei Temperaturerhöhung aus?

Bei kleinen Körpern ist das Ausdehnen mit dem bloßen Auge nicht festzustellen.

Bei großen Platten, langen Stangen oder Rohren wird die Verlängerung sichtbar: Jedes 1 m lange Stück verlängert sich zwar nur ein wenig, wenn sich seine Temperatur erhöht; bei einer Gesamtlänge von vielen Metern macht sich dies jedoch bemerkbar.

Kleine Stangen verändern ihre Länge nur wenig bei einer Temperaturänderung; größere Stangen verändern ihre Länge stärker. Zusammenfassend sagt man:

Je länger ein Körper ist, desto stärker verändert er seine Länge bei einer Temperaturänderung.

So sind große Brücken im Sommer um einige Zentimeter länger als im Winter. Dies wird beim Brückenbau berücksichtigt, indem man die Brücken auf Rollen legt und Spalte zwischen den einzelnen Brückenteilen lässt. Wenn solche Spalte fehlen, können beim Ausdehnen oder Zusammenziehen große Kräfte auftreten. Dadurch können beispielsweise Schienen verbogen oder Bolzen gesprengt werden.

Nimmt die Temperatur einer Stange nur wenig zu, wird die Stange auch nur wenig länger. Wenn die Temperatur stark zunimmt, nimmt auch ihre Länge stark zu. Allgemein gilt:

Je stärker die Temperatur eines Körpers zunimmt, desto mehr verlängert er sich.

So gibt es in Kraftwerken 100 m hohe Heizkessel. Beim Aufheizen ändert sich ihre Temperatur um fast 1000 °C. Dabei werden sie um etwa 50 cm länger.

Unterschiedliche Ausdehnung

Versuche mit gleich langen Rohren aus unterschiedlichem Material zeigen: Erhöht man ihre Temperatur um den gleichen Betrag, so dehnen sie sich unterschiedlich stark aus (Abb. ▶ 2).

Wie stark sich ein Körper ausdehnt, hängt auch von dem Material ab, aus dem der Körper besteht.

Diese unterschiedliche Ausdehnung kann man sich auch zu Nutze machen: den festsitzenden Schraubverschluss einer Flasche kann man zum Beispiel lösen, indem man ihn unter heißes Wasser hält. Der Flaschenverschluss aus Metall dehnt sich dabei nämlich stärker aus als das Glas; er sitzt jetzt nicht mehr stramm auf dem Flaschenhals und kann leichter gelöst werden.

1 Ausdehnung bei kurzen und langen Stäben

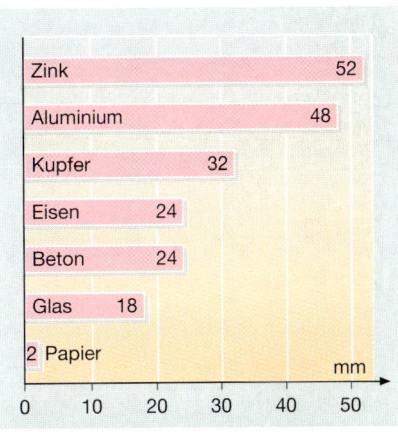

2 Verlängerung von 100 m-Stäben bei Temperaturerhöhung um 20 °C

Ausdehnung bei Erwärmung

Ein kurzes Versuchsprotokoll

Der Physiker beschreibt Versuche in einem Protokoll. Dabei trennt er die Beobachtung von den anschließenden Überlegungen. Als Beispiel betrachten wir einen Versuch, der auch geringere Ausdehnungen sichtbar macht (Abb. ▶1).

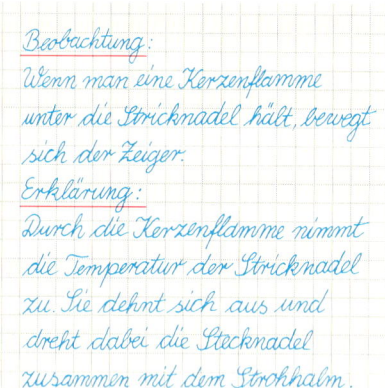

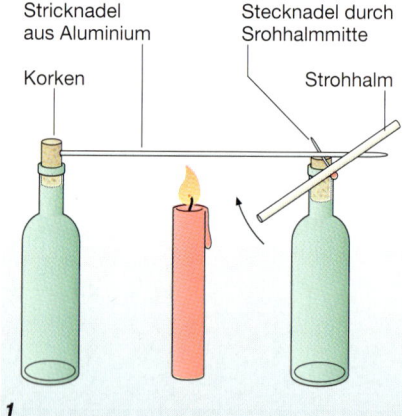

Beobachtung:
Wenn man eine Kerzenflamme unter die Stricknadel hält, bewegt sich der Zeiger.

Erklärung:
Durch die Kerzenflamme nimmt die Temperatur der Stricknadel zu. Sie dehnt sich aus und dreht dabei die Stecknadel zusammen mit dem Strohhalm.

Feuersetzen

Wir schreiben das Jahr 219 vor Christus. „Hannibal!" ruft ein Soldat, der dem Heer als Vorhut vorauseilte, „Der Weg wird immer schmaler. Ein riesiger Fels versperrt den Weg. Unsere Wagen und Elefanten werden dort nicht vorbeikommen." Der Feldherr Hannibal gibt schnell ein paar Anweisungen.

Hunderte von Meilen hat er mit seinem Heer seit dem Aufbruch in Südspanien schon zurückgelegt. Wenn er erst die Alpen überquert hat, wird er die römischen Heere schon mit Hilfe seiner Kampfelefanten besiegen — wenn er sie nur heil über die Pässe bekommt. Erst gestern ist wieder ein Elefant auf dem schmalen Pfad ausgerutscht und in die Tiefe gestürzt.

„Wir sind soweit!", schreit jemand. Hannibal wird aus seinen Gedanken gerissen.

Er sieht, dass seine Männer um den Fels ein großes Feuer entfacht haben. Nachdem das Feuer erloschen ist, gießen sie Schmelzwasser über den Fels. Der Fels kann nun stückweise abgetragen werden. Bald wird das riesige Heer seinen mühevollen Weg über die Alpen fortsetzen können.

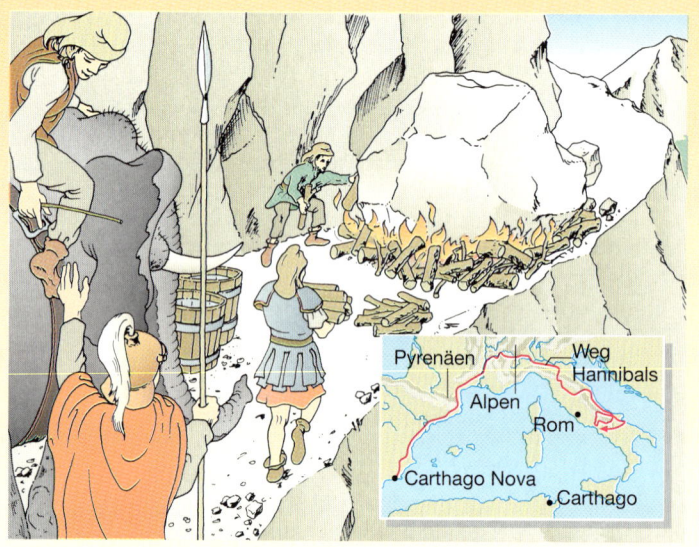

Das von Hannibals Soldaten benutzte Feuersetzen wurde bis vor einigen Jahrhunderten angewandt, um selbst hartes Felsgestein zu zertrümmern. Bei der Temperaturzunahme dehnen sich einige Teile des Felsens stärker aus als andere. Die dabei auftretenden Kräfte führen zu Rissen im Fels. Gleiches gilt beim Abkühlen.

Versuche einmal selbst, einen Stein zu sprengen. Kühle einen Stein im Gefrierschrank und übergieße ihn anschließend mit heißem Wasser.

8 Ausdehnung bei Erwärmung

Das Bimetall – eine krumme Sache?

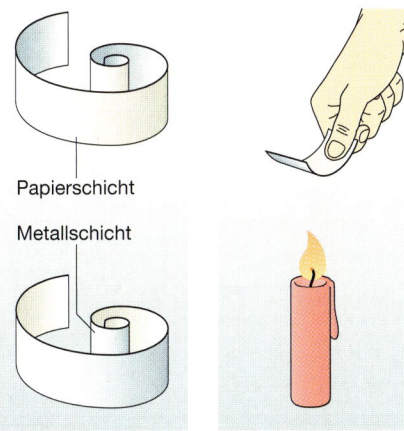

1 Versuch mit dem Silberpapier einer Kaugummiverpackung

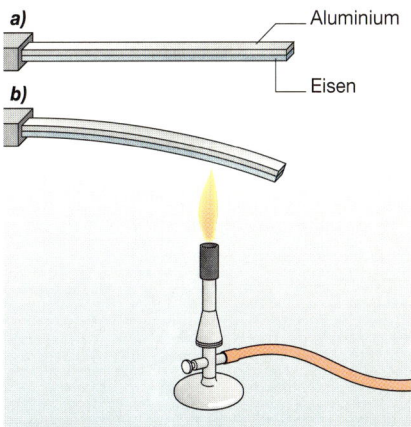

2 Ein Bimetallstreifen besteht aus zwei verschiedenen Metallen.

Beobachtung

Iris zeigt Peter einen Trick. Sie nimmt einen schmalen Streifen Silberpapier aus einer Kaugummipackung und hält ihn vorsichtig über eine Kerzenflamme. Sie sehen, wie er sich nach oben krümmt (Abb. ▶ 1).
„Das ist doch einfach!", meint Peter, „die warme Luft steigt von der Flamme hoch und drückt das Papier nach oben".

Vermutung

Iris zweifelt noch. „Nach deiner Vermutung müsste sich das Silberpapier auch nach oben krümmen, wenn ich es umgekehrt über die Flamme halte."
Um Peters Vermutung zu überprüfen, dreht sie das Silberpapier um und führt den Versuch noch einmal durch.

Überprüfung durch Experiment

Was meinst du zu Peters Vermutung? Führe den Versuch selbst durch. Hast du eine Erklärung?

Ein Bimetallstreifen (Abb. ▶ 2) besteht aus zwei verschiedenen Metallen, die fest zusammengenietet oder -geschweißt sind. Bei Temperaturerhöhung dehnen sie sich unterschiedlich stark aus. Die kürzere Innenkurve wird dann von dem Blechteil gebildet, das sich weniger ausdehnt.

Bei der Bimetallspirale in Abb. ▶ 4 befindet sich auf der Innenseite der Metallstreifen, der sich stärker ausdehnt. Nimmt die Temperatur zu, so weitet sich die Spirale, und der Zeiger wandert nach rechts.

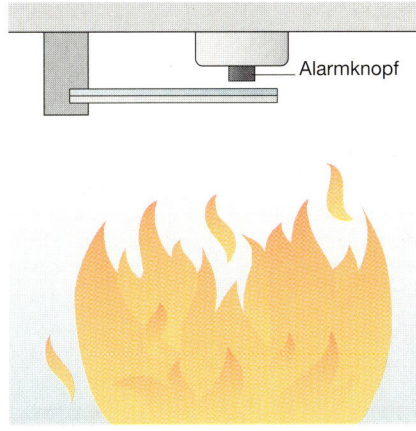

3 Wie funktioniert dieser automatische Feuermelder?

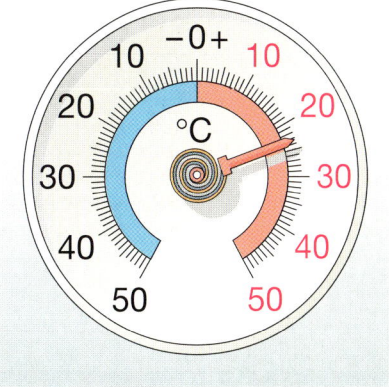

4 Ein Bimetallthermometer besitzt einen aufgerollten Bimetallstreifen.

Ausdehnung bei Erwärmung

Temperaturerhöhung bei Flüssigkeiten und Gasen

VERSUCHE

2 Versuch zur Ausdehnung von Luft

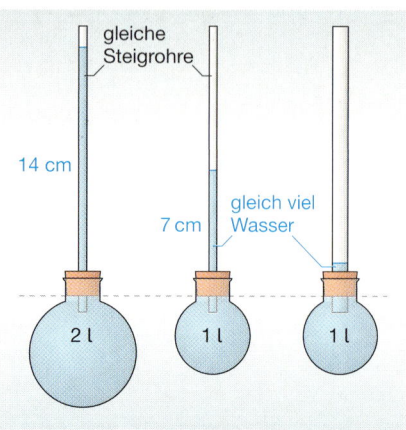

3 Steighöhe bei verschiedenen Steigrohren und Vorratsbehältern

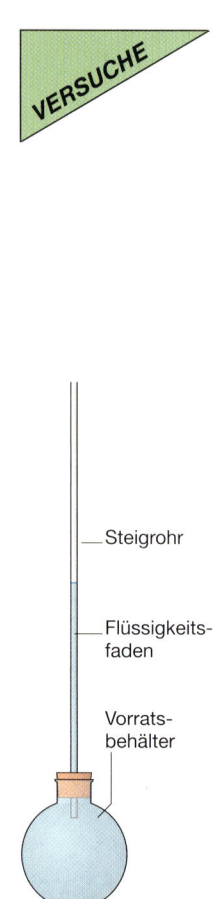

1

① Wir tauchen den Behälter aus Abb. ▶ 1 in Wasser von unterschiedlicher Temperatur. Bei lauwarmem Wasser ist der Flüssigkeitsfaden im Steigrohr länger als bei kaltem; bei heißem Wasser ist der Flüssigkeitsfaden noch länger als bei lauwarmem Wasser.

② Ein Tischtennisball ist eingedrückt. Wir gießen heißes Wasser über ihn. Die Delle verschwindet wie von Geisterhand.

③ Lege einen aufgeblasenen Luftballon in den Gefrierschrank. Hole ihn nach einiger Zeit heraus und halte ihn mit beiden Händen. Du spürst dann, wie er zwischen deinen Händen größer wird.

④ Eier werden oft vor dem Kochen am stumpfen Ende mit einer feinen Nadel gestochen. Solche Eier platzen fast nie. Beobachte ein gestochenes Ei beim Kochen.

⑤ In Abb. ▶ 2 wird die Luft im Kolben mit den Händen erwärmt. Aufsteigende Luftblasen zeigen, dass die Luft sich so lange ausdehnt, bis die Luft durch die Hände nicht weiter erwärmt wird. Wenn man den Kolben jetzt nur am Hals anfasst, steigt das Wasser im Glasrohr hoch.

Ausdehnung von Flüssigkeiten und Gasen bei Temperaturerhöhung

Wasser und Luft ändern ihren Rauminhalt, wenn man ihre Temperatur ändert. Dieselben Beobachtungen macht man auch bei anderen Flüssigkeiten (Alkohol, Öl, ...) und Gasen (Kohlenstoffdioxid, Propangas, ...).
Je mehr die Temperatur zunimmt, desto mehr vergrößern sie ihren Rauminhalt. Bei Gasen beobachtet man die Ausdehnung sogar schon bei geringen Temperaturänderungen, z. B. mit den Händen, wie in (Abb. ▶ 2).
Flüssigkeiten und Gase dehnen sich aus, wenn ihre Temperatur zunimmt. Nimmt die Temperatur ab, ziehen sie sich wieder zusammen.

Um die Ausdehnung einer Flüssigkeit besonders gut sichtbar zu machen, benutzt man oft schmale Steigrohre. Wie hoch die Flüssigkeit in einem solchen Rohr steigt, hängt nämlich von seinem Durchmesser ab (Abb. ▶ 3). Bei einem dickeren Steigrohr (rechts) ist der zusätzliche Rauminhalt zwar derselbe wie bei dem dünneren (Mitte), die Steighöhe ist aber geringer.
Die Steighöhe hängt auch von der Größe des Vorratsbehälters ab: Wenn man einen Behälter mit doppelter Vorratsmenge benutzt, steigt in demselben Steigrohr die Flüssigkeit doppelt so hoch.

Regelwidriges Verhalten bei Wasser

„Wer hat meine Limonadenflasche zerschlagen?" Wütend schnappt Bernd nach seinem kleinen Bruder Christian. „Ich nicht!", beteuert Christian, „Ich war nicht einmal draußen auf dem Balkon bei deinen Limoflaschen. Da war es mir viel zu kalt! Letzte Nacht hat es sogar gefroren!" Und weil die Mutter Christians Aussage bestätigt, muss Bernd sie glauben. Aber wer hat dann seine Limonadenflasche zerstört?

Vielleicht kannst du eine Erklärung dafür finden? Fülle zu diesem Zweck Wasser randvoll in ein leeres Röhrchen, verschließe es fest und lege es in einer Plastiktüte in den Gefrierschrank. Was beobachtest du, wenn du es nach wenigen Stunden wieder herausholst?

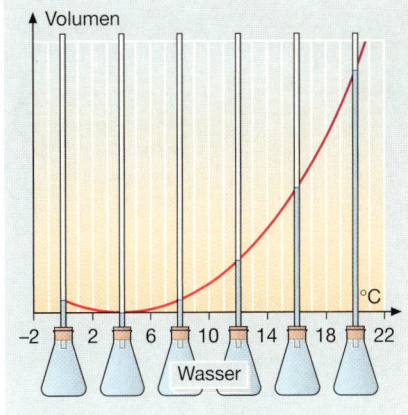

1 Anomalie des Wassers

Im Gegensatz zu anderen Flüssigkeiten dehnt sich Wasser aus, wenn es unter 4 °C abgekühlt wird (Abb. ▶ 1). Auch im gefrorenen Zustand unter 0 °C vergrößert es bei weiterem Abkühlen seinen Rauminhalt. Wasser verhält sich demnach nicht wie die meisten anderen Stoffe. Man sagt: Es verhält sich anomal (anomal = gegen die Regel).

Diese Anomalie des Wassers kann zu schweren Schäden führen: So können z. B. Rohre platzen, Straßen können aufbrechen, wenn das Eis sich beim Abkühlen ausdehnt. Deswegen müssen Wasserleitungen, die auch im Winter betrieben werden sollen, tief in die Erde verlegt werden; hier sinkt die Temperatur fast nie unter 0 °C. Andere Leitungen werden vor Einbruch des Winters geleert. Bei Straßen werden Ritze, in die Wasser eindringen könnte, sorgfältig mit Teer ausgefüllt. Für die Natur bringt die Anomalie des Wassers aber auch Vorteile: Wasser dringt in winzige Risse von Felsen ein und sprengt sie beim Gefrieren auseinander. Dadurch entstehen Spalte, in denen sich Pflanzen ansiedeln können.

Es gibt auch feste Körper, die sich anomal verhalten: So zieht sich zum Beispiel Gummi zusammen, wenn seine Temperatur zunimmt.

Thermostatventile

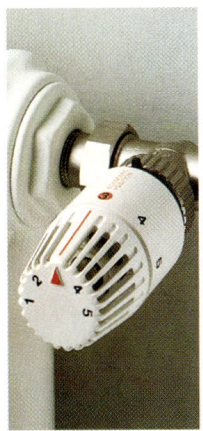

2 Thermostatventil

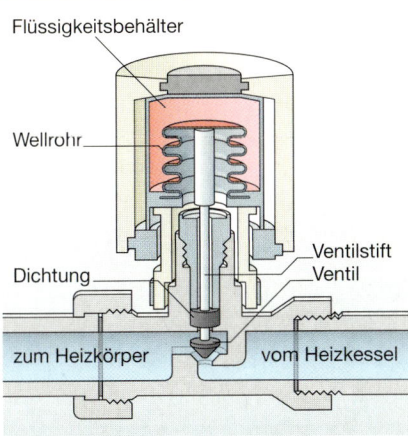

3 Schnitt durch das Thermostatventil eines Heizkörpers

Viele Heizkörper besitzen sogenannte Thermostatventile (Abb. ▶ 2). Wenn die Raumtemperatur sinkt, öffnet der Thermostat automatisch das Ventil und heißes Wasser strömt durch den Heizkörper. Steigt nun die Raumtemperatur, schließt er das Ventil; der Heizkörper kühlt ab, die Raumtemperatur sinkt wieder, das Ventil wird geöffnet …
Auf diese Weise sorgt der Thermostat für eine nahezu gleich bleibende Raumtemperatur.
Die Schnittzeichnung (Abb. ▶ 3) zeigt, wie der Thermostat funktioniert:
Je mehr die Temperatur zunimmt, desto stärker dehnt sich die Flüssigkeit in dem Behälter aus und drückt das Wellrohr wie eine Ziehharmonika zusammen. Über den Ventilstift wird das Ventil geschlossen.

Ausdehnung bei Erwärmung **11**

VERSUCHE

Heiß oder kalt?

① Felix und Silvia kommen von den Duschen. „Brrr, ist das kalt!", meint Felix, als er ins Schwimmbecken steigt.
„Ich weiß gar nicht, warum du dich so anstellst; das Wasser ist doch warm!", entgegnet Silvia, „Du hast wohl nicht richtig geduscht?!".
Welchen Fehler hat Felix begangen?

② Tauche für eine Weile eine Hand in das kalte und die andere in das heiße Wasser (Abb. ▶ 2). Danach fühlt sich das lauwarme Wasser mit der einen Hand wärmer an als mit der anderen.

③ An der Verlängerung dieses langen Aluminiumlöffels kann ich feststellen, welche Suppe heißer ist, sagt der Koch. Was meinst du dazu?

1 Welche Suppe ist heißer?

2 Unser Temperaturempfinden lässt sich täuschen.

Thermometer

Der Mensch besitzt kein zuverlässiges Temperaturempfinden. So wird lauwarmes Wasser mal als kalt, mal als warm empfunden, je nachdem ob man vorher in der heißen Sonne gelegen oder kalt geduscht hat.
Ferner können wir sehr heiße und auch sehr kalte Gegenstände nicht anfassen, ohne Schaden zu nehmen. Deshalb hat man zur Temperaturmessung Geräte erdacht. Man nennt sie Thermometer.
Viele Thermometer nutzen die Ausdehnung von festen Körpern, Flüssigkeiten oder Gasen aus.

Das **Flüssigkeitsthermometer** (Abb. ▶ 3) besteht aus drei Teilen: **Vorratsbehälter** (1), **Steigrohr** (2) und **Skala** (3).

Das lange Steigrohr ist bedeutend enger als der Vorratsbehälter. Nimmt die Temperatur der Flüssigkeit im Vorratsbehälter zu, so dehnt sie sich aus und steigt im Steigrohr. Auf der Skala liest man beim Ende des Flüssigkeitsfadens die Temperatur ab.
Das Thermometer in Abb. ▶ 3 zeigt 29,6°C (Grad Celsius). Unterhalb von 0°C sagt man z.B. „minus 7 Grad Celsius" und schreibt „−7°C".

Temperatur richtig messen

Ein Flüssigkeitsthermometer kann die Temperatur eines Körpers nur dann richtig anzeigen, wenn die Thermometerflüssigkeit dieselbe Temperatur hat wie der Körper. Dazu muss der Vorratsbehälter vollständig von diesem Körper umgeben sein. Außerdem muss man warten, bis der Flüssigkeitsfaden zum Stillstand kommt. Die Flüssigkeit im Thermometer braucht nämlich Zeit, die Temperatur des Körpers anzunehmen. Je nach Blickwinkel liest man unterschiedliche Werte für die Temperatur ab. Nur bei senkrechtem Blick auf die Skala erhält man einen richtigen Wert (Abb. ▶ 4).

3 Experimentierthermometer

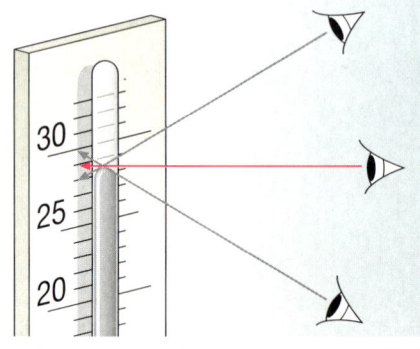

4 Richtiges und falsches Ablesen

Thermometer und ihre Anwendungsbereiche

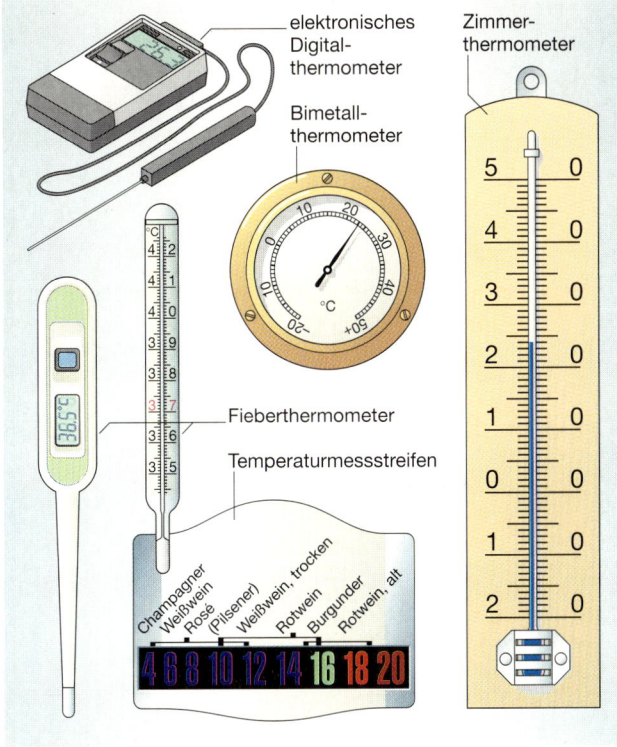

1 Verschiedene Thermometer

In Abb. ▶ 1 siehst du einige Thermometer. Je nach Verwendung besitzen sie unterschiedliche Messbereiche; der **Messbereich** wird durch den niedrigsten und den höchsten Temperaturwert angegeben.

Bei manchen Thermometern (z. B. Fieberthermometer) liegen die Skalenstriche von Grad zu Grad weit auseienander; dazwischen sind noch zusätzliche Striche für halbe, fünftel oder zehntel Grad angebracht. Mit solchen empfindlichen Thermometern kann man noch sehr kleine Temperaturunterschiede messen. Wie empfindlich ein Thermometer ist, hängt nicht nur von der Größe des Flüssigkeitsgefäßes und der Breite des Steigrohres, sondern auch von der verwendeten Flüssigkeit ab: Alkohol dehnt sich bei Temperaturzunahme z. B. fünfmal so stark aus wie Quecksilber.

Robuster als Flüssigkeitsthermometer sind in der Regel Bimetallthermometer. Elektronische Digitalthermometer besitzen oft einen großen Messbereich.
An Aquarien oder Weinflaschen findet man zuweilen Flüssigkristallthermometer. Hier wechseln bei einer Temperaturänderung die Ziffern ihre Farbe und zeigen dadurch die ungefähre Temperatur an.

Die Skala des Herrn Celsius

Warum wird bei Gradangaben für die Temperatur immer der Zusatz „Celsius" benutzt?

Die ersten Thermometer wurden vor einigen 100 Jahren gebaut. Damals erfanden viele Forscher eine eigene Skala. Oftmals wählten sie als 0° die kälteste Temperatur eines Jahres in ihrem Wohnort. 0° in Stockholm waren demnach von 0° in Rom verschieden. Dies führte natürlich zu Unstimmigkeiten.

Wie kann man nun Skalen einrichten, die zu jeder Zeit und an jedem Ort übereinstimmen? Der Schwede Anders Celsius (1701 – 1744) ersann folgende Möglichkeit: Die 0°C-Marke wird am Ende des Flüssigkeitsfadens angebracht, wenn das Thermometer in schmelzendem Eis steht. Bei siedendem Wasser wird 100°C markiert.

Zwischen diesen beiden Marken wird der Abstand in 100 gleich große Teile zerlegt. Jedes Teil entspricht 1°C. Nach oben und unten wird die Skala gleichmäßig fortgesetzt.
Das Herstellen einer Skala an einem Messgerät bezeichnet man als **Eichen**. Das Schmelzen von Eis und das Sieden von Wasser finden immer und überall bei derselben Temperatur statt; deswegen zeigen alle nach dem Verfahren von Celsius geeichten Thermometer übereinstimmende Temperaturwerte an.

In den USA wird oft die Fahrenheit-Skala benutzt. Sie stammt von Gabriel Fahrenheit (1686 – 1736). Zur Eichung seiner Thermometer benutzte er die Temperatur einer Mischung aus Eis, Wasser und Salmiaksalz (0°F) sowie seine Bluttemperatur (100°F).

Ausdehnung bei Erwärmung

AUFGABEN

Heimversuche

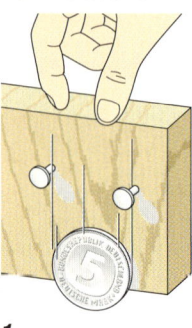

1

1. Ein 5-Mark-Stück wird größer

Schlage zwei Nägel so in ein Brett, dass ein 5-Mark-Stück gerade noch zwischen den Nägeln hindurchpasst (Abb. ▶ 1). Erhitze nun das Geldstück mit einer Kerzenflamme. Halte es dabei vorsichtig mit einer hölzernen Wäscheklammer. Prüfe, ob das Geldstück noch zwischen den Nägeln hindurchpasst. Lass das Geldstück wieder abkühlen und prüfe erneut.

2. Ein doppelter Flaschentrick

Für diesen Versuch benötigst du eine kalte, leere Flasche mit schlankem Hals. Halte sie umgedreht mit der Öffnung in Wasser und erwärme sie dabei mit den Händen.
Was beobachtest du nach einer Weile? Lass die Flasche nun wieder abkühlen, ohne sie aus dem Wasser zu nehmen. Betrachte dabei den Wasserspiegel im Flaschenhals.

3. Temperaturen im Haushalt

Miss Temperaturen im Haushalt (z. B. bei kaltem und heißem Leitungswasser, bei schmelzenden Eiswürfeln, im Gefrierschrank, im Kühlschrank, des eigenen Körpers). Notiere auch den Messbereich der benutzten Thermometer.

Fragen

2 Fernleitungen

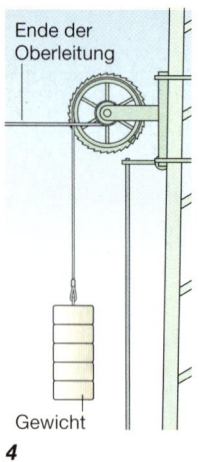

Gewicht

4

Zur Ausdehnung von festen Körpern

① Wie verhalten sich feste Körper, wenn ihre Temperatur abnimmt? Formuliere auch mit „Je ... , desto ..."!

② Warum hängen die Fernleitungen im Sommer und Winter unterschiedlich stark durch?
Beschreibe das Verhalten der Fernleitungen auch mit „Je ... , desto ..."!

③ Durch die Rohre (Abb. ▶ 3) fließen auch heiße Flüssigkeiten. Wozu dienen die Rohrschleifen?

④ Übertrage den Text in dein Heft und fülle dabei die Lücken passend aus:
Oberleitungen für Elektrolokomotiven müssen straff gespannt sein (Abb. ▶ 4).
Beobachtung: Die Gewichte hängen im ... höher als im ...
Erklärung: Im Sommer ist es ... als im ... Die Oberleitung ist deswegen im Sommer ... Daher hängen die Gewichte im Sommer ...

⑤ Beobachte Straßendecken aus Beton. Warum sind sie nicht ohne Fugen verlegt? Suche bei Außen- und Innenwänden von Häusern nach ähnlichen Fugen!

⑥ Beton und Eisen – beide dehnen sich bei Temperaturzunahme aus. Warum gibt es keine Risse (Abb. ▶ 5)?

⑦ Wenn man sehr heißes Wasser in ein Glas schüttet, kann es zerspringen. Erkläre dies!

⑧ Eine Eisenbahnbrücke aus Eisen ist 100 m lang. Im Winter werden Temperaturen bis zu −20 °C gemessen, im Sommer bis zu +40 °C.
Wie groß ist der Längenunterschied?

3 Rohrschleifen

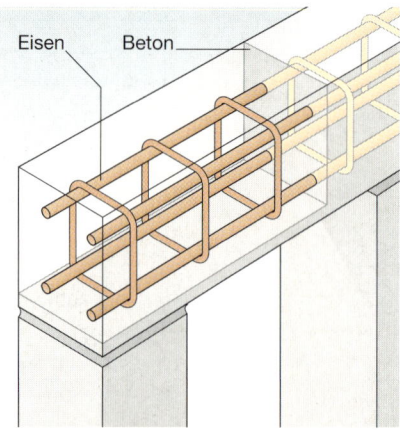

5 Der Beton wird durch Eisenstangen verstärkt.

Ende der Oberleitung

Ausdehnung bei Erwärmung

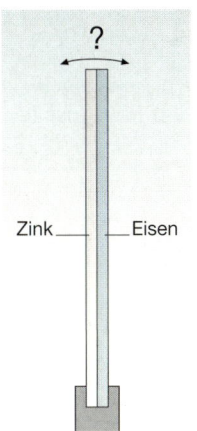

1 Bimetall

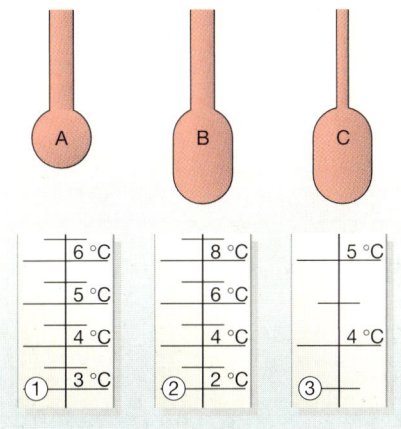

2 Zu Aufgabe 19

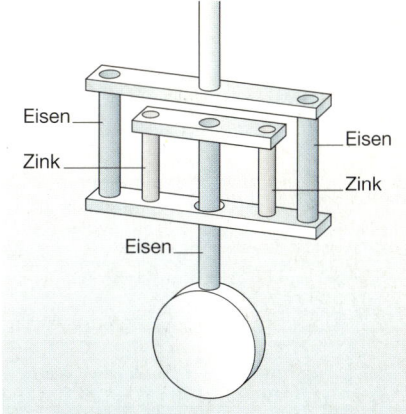

3 Pendel von J. Harrison (von 1725)

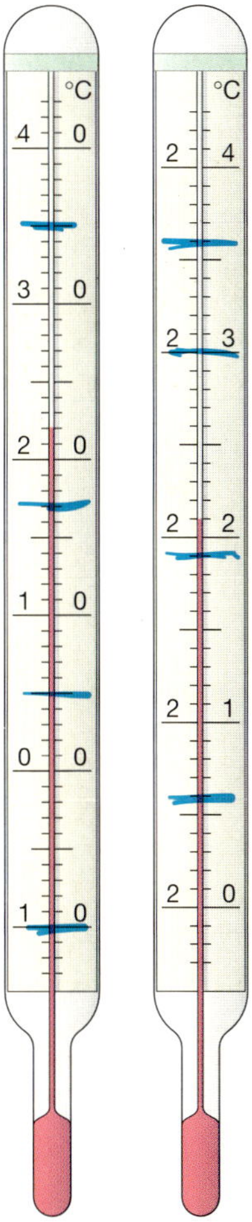

⑨ In welche Richtung biegt sich das Bimetall aus Abb. ▶ 1 bei Temperaturabnahme?

⑩ Warum benutzt man bei frostgefährdeten Wasserleitungen lieber Rohre aus Kunststoff als aus Eisen?

⑪ Warum gibt man im Winter Frostschutzmittel zum Kühlwasser des Autos?

⑫ Damit Eisenbahnräder nicht so schnell verschleißen, befestigt man auf dem Radkörper einen Reifen aus besonders widerstandsfähigem Stahl. Wie befestigt man diesen Reifen ohne Nieten oder Schrauben? Fülle dazu folgenden Lückentext aus:
Der Reifen wird absichtlich etwas zu klein hergestellt. Er wird nun stark erhitzt; dabei … Jetzt passt er auf den Radkörper. Beim Abkühlen … Jetzt sitzt der Reifen stramm.

Zur Ausdehnung von Flüssigkeiten und Gasen

⑬ Wie hängt die Steighöhe beim Thermometer von der Temperatur, der Dicke des Steigrohres und der Größe des Gefäßes ab. Formuliere mit „Je …, desto …"

⑭ Weshalb soll man den Benzintank eines Autos nicht randvoll füllen?
Ergänze passend:
Beim Tanken kommt das Benzin gewöhnlich aus … unterirdischen Tanks. Im Tank des Autos wird die Temperatur des Benzins … und … Wenn man den Tank randvoll …

⑮ Beobachte den Stand der Kühlflüssigkeit vor und nach einer Autofahrt.

4 Thermometer

⑯ Warum soll man den Luftdruck beim Autoreifen nur im kalten Zustand prüfen?

⑰ Warum soll man auch leere Spraydosen nicht ins Feuer werfen?

Zum Thermometer

⑱ Lies bei den Markierungen (Abb. ▶ 4) die Temperaturwerte ab. Beachte dabei, dass die Skalen verschieden unterteilt sind.

⑲ Von den drei Thermometern in Abb. ▶ 2 sind die Skalen abgefallen. Wozu gehört welche Skala?

⑳ Warum ist bei Fieberthermometern 37°C besonders gekennzeichnet? Erkundige dich, ab welcher Körpertemperatur Lebensgefahr besteht.

Weitere Probleme

㉑ Pendeluhren
a) Binde einen Schlüssel an einen Faden. Lasse ihn bei unterschiedlichen Fadenlängen pendeln. Wann schwingt das Pendel schneller? Formuliere das Ergebnis mit Hilfe von „Je …, desto …".
b) Geht eine Pendeluhr im Sommer langsamer oder schneller als im Winter?
c) Wie funktioniert das Pendel des englischen Uhrmachers John Harrison (Abb. ▶ 3)?

㉒ Was ist bei gleichen Abmessungen empfindlicher, ein mit Alkohol oder ein mit Quecksilber gefülltes Thermometer?

㉓ Warum lässt sich mit Wasser kein Thermometer für den Messbereich −10°C bis 60°C bauen?

Ausdehnung bei Erwärmung

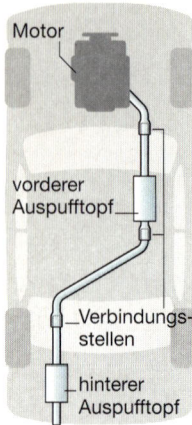

1

2

㉔ Stefanie schaut zu, wie ihr Vater versucht, bei seinem Auto den defekten Auspuff abzumontieren. „Jetzt habe ich schon alle Halterungen entfernt, aber die Rohre sitzen so stramm ineinander, dass sie sich nicht trennen lassen", sagt er. „Ich kenne mich zwar nicht mit Autos aus", meint Stefanie, „aber ich habe da eine Idee". Und tatsächlich, nach kurzer Zeit hat ihr Vater die Rohre ohne große Anstrengung auseinandergezogen. Welche Idee hatte Stefanie gehabt?

㉕ Auch das Glasgefäß beim Thermometer dehnt sich bei Temperaturerhöhung aus. Dehnt es sich stärker aus als die Flüssigkeit? Begründe deine Antwort.

㉖ Nimm ein Glas aus dem heißen Spülwasser und stelle es umgekehrt auf eine glatte Fläche. Beobachte die Schaumbläschen am Rande des Glases (Abb. ▶ 2). Fertige ein Protokoll an.

㉗ Gaszähler geben das Volumen des durchströmenden Gases an. Frau Sauer meint, es wäre kostengünstiger, wenn der Zähler im kühlen Keller steht. Was meinst du dazu?

㉘ Gisela hat eine Thermoskanne frisch gefüllt und nicht fest genug verschlossen. Für einige Minuten nimmt sie ein leises Zischen wahr. Schließlich schweigt die Thermoskanne für längere Zeit. Plötzlich aber meldet sie sich wieder mit einem noch leiseren Zischen. Erkläre, wie es zum ersten und zweiten Zischen kommt.

㉙ Versuche mit Hilfe eines Lexikons oder Biologiebuches etwas über den Temperatursinn bei Tieren (z. B. Bienen) in Erfahrung zu bringen.

㉚ Da staunte der kleine Achilles nicht schlecht. Als das Feuer einige Zeit in der Opferschale gebrannt hatte, sah er, wie sich Wein aus den Bechern der Figur auf die Schale ergoss und das Feuer löschte. „Die Götter haben das Opfer angenommen!" verkündete ein Priester.
Der Altar (Abb. ▶ 3) ist von dem griechischen Baumeister Philon vor über 2000 Jahren errichtet worden. Erkläre, wie er ohne die Hilfe der Götter funktioniert.

㉛ Gasthermometer: Die gefärbte Flüssigkeit im U-Rohr (Abb. ▶ 4) zeigt an, wie stark das Gas sich ausdehnt.
a) Überlege, wie man mit dem abgebildeten Versuchsaufbau die Skala für das Gasthermometer erstellt.
b) Wo sollte man eine Markierung für 10 °C anbringen?
c) Wie wird die Skala bei einem engeren Rohr aussehen?
d) Kann man auch ohne ein bereits geeichtes Thermometer eine Skala für das Gasthermometer erstellen?

㉜ Suche bei einem alten Straßenbelag nach Rissen im Teer. Wieso werden sie durch Frost breiter?

㉝ Lange gerade Heizungsrohre besitzen oftmals kleine Wellrohrabschnitte. Wozu dienen sie? Warum kann man auf diese Wellrohrabschnitte verzichten, wenn das Rohr mehrere Krümmungen besitzt?

㉞ Vervollständige den Satz: Je ... das Steigrohr und je ... der Behälter ist, desto empfindlicher ist das Thermometer.

㉟ Heinz meint, Thermometer mit großen Vorratsbehältern seien besonders günstig. Was meinst du dazu?

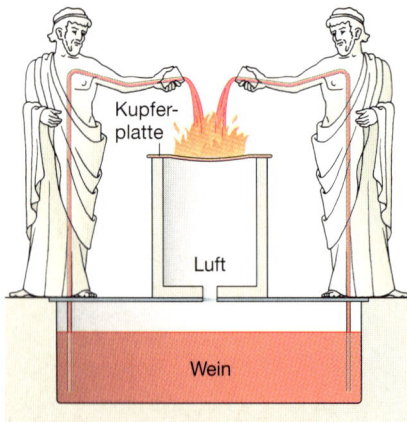

3 Altar des Philon

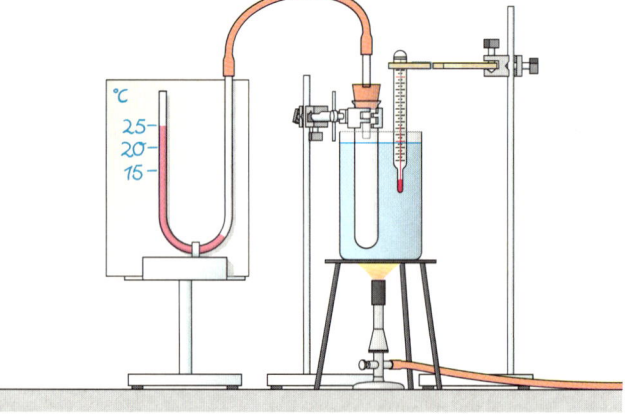

4 Eichung eines Gasthermometers

Energie unterwegs

Zu viel versprochen?

Beim Kochen soll der Boden der Töpfe möglichst heiß werden. Gleichzeitig soll der Griff kalt bleiben. Lassen sich solche Töpfe und Pfannen wirklich herstellen oder verspricht die Werbung hier zu viel?

- Rostfreier Qualitätsstahl
- Energiesparende Topfböden
- Kaltmetallgriffe

Preisknüller! nur 189.-

Dünne Folie rettet Leben

Kaum zu glauben, aber wahr ist, dass diese dünne Rettungsfolie einen Unfallverletzten vor einer lebensbedrohenden Unterkühlung schützen kann.

Heißluftmaschine im Selbstbau

Zunächst befestigst du das Reagenzglas (2) an der drehbaren Scheibe (1) und an dem Pneumatikbaustein (6) mit etwas Blumendraht. Die Murmeln (7) werden hineingelegt. Den Stopfen (3) mit dem Schlauch (5) dichtest du mit Knetgummi (4) ab und steckst ihn auf das Reagenzglas (2), wenn es mit der Mündung nach unten geneigt ist. Entzünde den Brenner (8) (VORSICHT! Brandgefahr!). Vielleicht musst du dem Reagenzglas am Stopfen noch einen kleinen Schubs geben – dann wippt das Reagenzglas ohne Unterbrechung auf und ab.

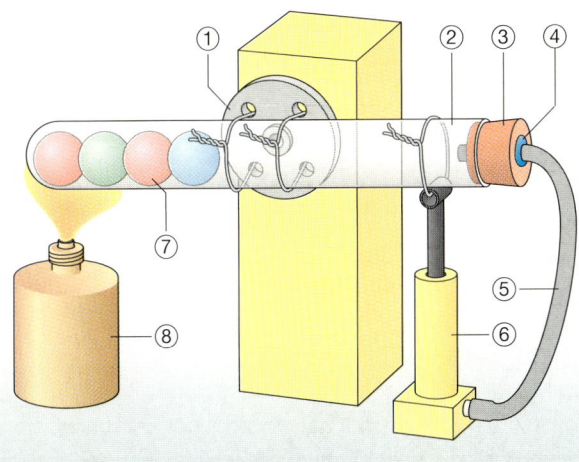

Wir erhitzen Wasser

Zum Baden, Kochen oder Waschen wird meist heißes Wasser benötigt. Was beim Erhitzen des Wassers geschieht, untersuchen wir genauer.

① Erhitze Wasser mit Hilfe der Gegenstände aus Abb. ▶ 1. Überlege zunächst, welche von ihnen allein und welche nur zusammen mit anderen Wasser erhitzen können. Untersuche dann, ob sich diese Gegenstände beim Erhitzen des Wassers verändern.
Die Lupe mit der Sonne, der Gasbrenner mit der Gasflasche und der Campingtauchsieder mit der Batterie erhitzen das Wasser. Dabei werden Akku und Gasflasche leer; die Kerze wird kleiner.

② Miss die Temperatur des Wassers in einem Glas. Gib einige Eiswürfel hinzu und miss nach einer Weile erneut. Woran erkennst du, dass das Eis erwärmt wird?

③ Das Wasser in den drei Behältern in Abb. ▶ 2 soll mit den drei Gasflaschen erhitzt werden. Ordne die Gasflaschen den Behältern passend zu.
Mit B wird 1, mit A wird 3 und mit C wird 2 erhitzt.

④ Auf den Verpackungen von Nahrungsmitteln stehen häufig Angaben in der Einheit kJ. Suche zu Hause oder in Geschäften danach und notiere solche Angaben. Worüber geben sie Auskunft?

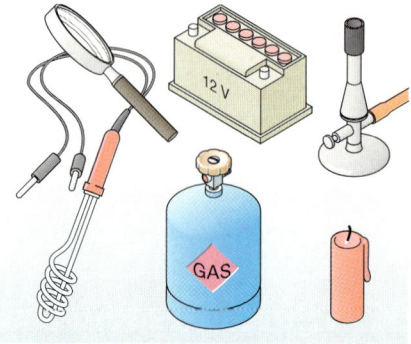

1 Gegenstände zum Erhitzen von Wasser

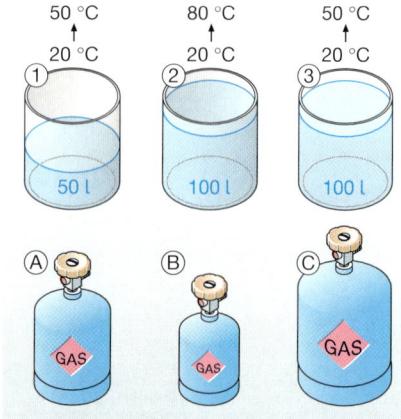

2 Welche Gasflasche gehört zu welchem Behälter?

Energie

Um Wasser zu erhitzen, können verschiedene Gegenstände benutzt werden: Kerze, Gasbrenner mit Gasflasche, Campingtauchsieder mit Batterie, heißer Stein, Lupe und Sonne ...
Während sich diese Gegenstände in unterschiedlicher Weise verändern, steigt in jedem Fall die Temperatur des Wassers an: Kerze und Gas verbrennen zu unsichtbaren Gasen; der heiße Stein kühlt ab, wenn er im Wasser liegt; die Batterie wird leer. Sie können jetzt nicht mehr zum Erhitzen benutzt werden. Selbst die Sonne verändert sich im Laufe von Milliarden Jahren und wird ebenso irgendwann nicht mehr Wasser erhitzen können.

Weil keiner der Gegenstände beliebig oft benutzt werden kann, um Wasser zu erhitzen, nehmen wir an: Alle diese Gegenstände geben etwas ab. Was sie abgeben, bewirkt immer dasselbe, nämlich die Temperaturzunahme des Wassers. Wir nennen es **Energie**.
Das, was alle Gegenstände abgeben, wenn sie Wasser erwärmen, nennt man Energie.

Während das Wasser erwärmt wird, nimmt es Energie auf. Es kann dann seinerseits benutzt werden, um einen weiteren Gegenstand zu erhitzen. Dabei gibt es selbst wieder Energie ab und seine Temperatur sinkt.

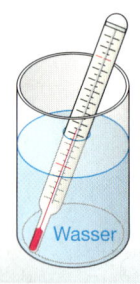

Nachweis von Energie: Wenn ein Gegenstand die Temperatur von Wasser erhöhen kann, dann besitzt er Energie.

Jedes Mal wenn ein Gegenstand erwärmt oder abgekühlt wird, treten solche Energieübergänge auf. Man kann sie übersichtlich in einem Energiediagramm darstellen. Abb. ▶ 1 zeigt, wie Energie vom Akku auf das Wasser übergeht.

Um einen Gegenstand zu erhitzen, muss man ihm Energie zuführen; um ihn abzukühlen, muss man Energie von ihm abführen.

Energiebeträge werden mit der Einheit Joule oder Kilojoule (1000 Joule) verglichen: Um die Temperatur von 1 ℓ Wasser um 1 °C zu erhöhen, ist eine Energie von ca. 4 kJ (Abkürzung für Kilojoule) erforderlich.
Um bei 1 ℓ Wasser die Temperatur um 5 °C zu erhöhen, ist fünfmal soviel Energie nötig, bei 3 ℓ sogar 15-mal soviel.

Zum Erhitzen können verschiedene Brennstoffe benutzt werden. Abb. ▶ 2 zeigt:
Gleiche Brennstoffmengen können unterschiedlich viel Energie abgeben. 1 g Steinkohle gibt beim Verbrennen zum Beispiel ungefähr doppelt soviel Energie ab wie 1 g Holz.

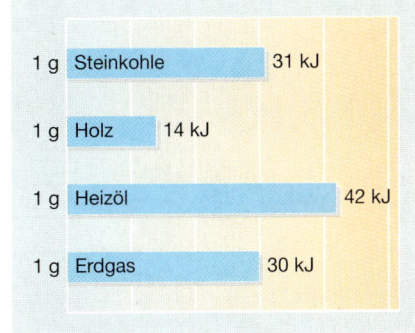

1 Energie geht vom Akku auf das Wasser über.

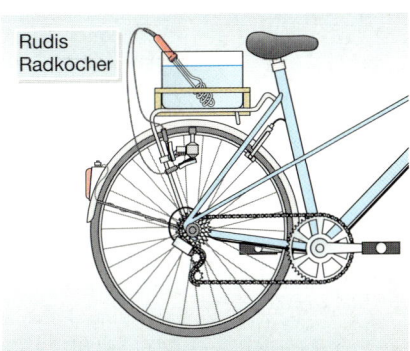

2 Soviel Energie wird beim Verbrennen abgegeben.

Energie beim Menschen

Rudi preist seine neueste Erfindung zum Wasserkochen an (Abb. ▶ 4): „Hier wird keine Batterie leer – das läuft immer!"
„Na, dann zeig uns mal, ob das funktioniert!", fordert Nicole auf. Rudi schwingt sich auf das Rad und fährt so schnell er kann. Nach einiger Zeit kommt er ziemlich erschöpft zurück. Anita stellt fest: „Die Temperatur ist tatsächlich etwas gestiegen, aber nur wenig. Du musst noch mehr fahren." Rudi aber winkt ab: „Ich geh' jetzt erst einmal was essen."

Woher bezieht das Wasser von Rudis Radkocher seine Energie?

Sicherlich hast du schon einmal festgestellt, dass die Luft in Räumen mit vielen Personen wärmer wird. Hier geht Energie von den Menschen auf die Luft über. Auch bei Rudis Radkocher gibt der Mensch Energie ab. Über den Dynamo und den Tauchsieder gelangt sie schließlich bis zum Wasser.

Der Mensch kann Energie nicht unbegrenzt abgeben, selbst wenn er sich noch so viele Ruhepausen gönnt. Er muss zwischendurch selbst wieder Energie über die Nahrung aufnehmen. Wie viel Energie in den Nahrungsmitteln vorhanden ist, steht oft auf der Verpackung (Abb. ▶ 3).

3

4 Woher bezieht das Wasser von Rudis Radkocher seine Energie?

Energie unterwegs

Energietransport in Materie

VERSUCHE

① Um eine Münze ist ein Baumwollstofftuch straff gespannt. Man gibt einige Tropfen Brennspiritus auf das Tuch und zündet ihn an (VORSICHT! Brandgefahr!). Das Tuch verkohlt höchstens dort, wo es nicht dicht an der Münze anliegt (Abb. ▶ 1).

② Sven hat seinen Löffel in der heißen Suppe stehen lassen. Als er ihn wieder anfasst, schreit er auf.

③ Stelle verschiedenartige Löffel in eine Tasse. Befestige Erbsen mit etwas Butter an den Löffeln (Abb. ▶ 2). Gieße heißes Wasser in die Tasse und decke sie möglichst gut ab, so dass kein Wasserdampf an die Erbsen gelangt. Notiere, in welcher Reihenfolge die Erbsen herunterfallen.

④ Das Kreuz in Abb. ▶ 4 besteht aus verschiedenen Metallen. Es wird in der Mitte erhitzt. Nach einiger Zeit zünden die Streichhölzer, zuerst beim Kupfer, zuletzt beim Eisen.

⑤ In Gebrauchsanweisungen von Elektroherden kannst du Zeichnungen wie in Abb. ▶ 3 finden. Sie zeigen: Ein Kochtopf mit gewölbtem Boden soll hier nicht benutzt werden.

Baumwolltuch
1 zu Versuch 1

3 Eine Gebrauchsanweisung

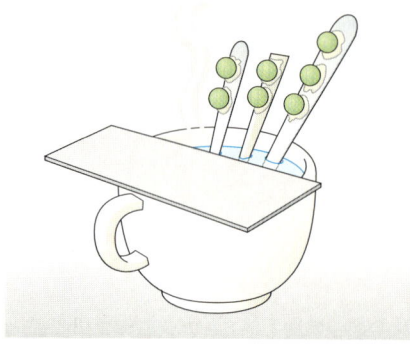
2 Zu Versuch 3

4 Zu Versuch 4

Wärmeleitung

Erhitzt man eine Metallstange an einem Ende, so stellt man am anderen Ende nach einiger Zeit eine Erwärmung fest. Ähnliches beobachtet man auch bei anderen festen Körpern, Flüssigkeiten und Gasen.

<u>Wenn die Temperatur bei einem Körper an einem Ende erhöht wird, dann steigt sie auch am anderen Ende.</u>

Abb. ▶ 5 macht deutlich, wie die bei A zugeführte Energie durch die Stange transportiert wird: Jeder erwärmte Bereich gibt selbstständig Energie an kältere Nachbarbereiche ab und erhöht dadurch deren Temperatur. So wird Energie jeweils weitergereicht, bis sie bei B ankommt. Diese Art des Energietransports zwischen Bereichen unterschiedlicher Temperatur nennt man **Wärmeleitung**. Die Versuche zeigen außerdem:

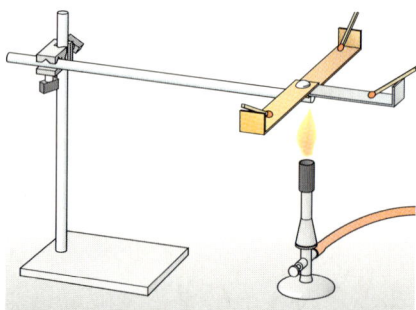
5 Die Stange transportiert Energie von A nach B.

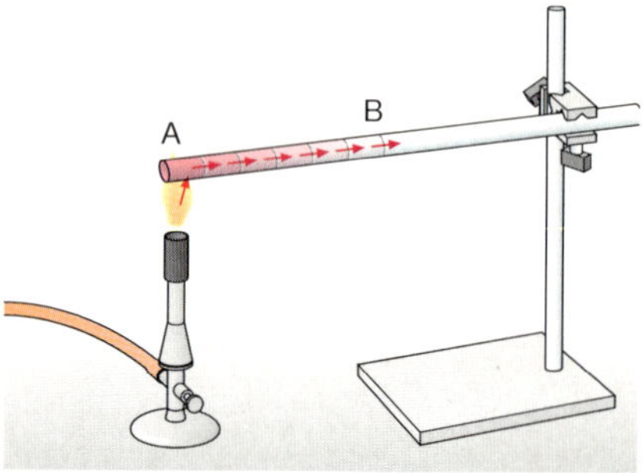

<u>Selbstständig wandert Energie immer nur vom wärmeren Teil zum kälteren, niemals umgekehrt.</u>

Beim Kühlschrank wird zwar Energie vom kälteren Innenraum zum wärmeren Außenraum transportiert; dieser Vorgang läuft aber nicht selbstständig ab.

Energie unterwegs

Gute und schlechte Wärmeleitung

Wie schnell die Energie transportiert wird, hängt neben der Länge auch vom Material ab.
<u>Metalle und Stein leiten die Energie gut; dagegen leiten Holz und Kunststoff, vor allem aber Luft die Energie schlecht (Abb. ▶ 1).</u>

Gut und schlecht leitende Materialien werden in der Technik und im Alltag ganz bewusst eingesetzt: Bei Kochtöpfen zum Beispiel besteht der Boden aus einem gut leitenden, die Griffe hingegen meist aus einem schlecht leitenden Material. Bei Töpfen für Elektroherde dürfen die Böden außerdem nicht gewölbt sein, sonst behindert die Luft zwischen Herdplatte und Topfboden die Wärmeleitung.

Die Zahlen geben an, wievielmal besser als bei Luft die Energie transportiert wird:

Luft	1
Mineralwolle	1,5
Styropor	1,8
Kork, Federn	2
Papier	5
Holz	6-12
Wasser	10
Fensterglas (Isolierverglasung)	35
Ziegel	35
Stein	40
Glas	50
Stahlbeton	760
Stahl	1 800
Aluminium	8 600
Kupfer	16 600
Silber	18 000

1 Wie gut wird die Energie transportiert?

Unterkühlung und Verbrennung

„Setz' dich nicht auf die kalten Steine!" Sicher hast du das schon oft von deinen Eltern hören müssen, wenn du im Winter draußen spieltest. Warum ist dies nur so gefährlich?
Stein transportiert die Energie rasch aus dem wärmeren Körper ab. So kann es schnell zu einer Unterkühlung kommen. Glücklicherweise helfen unsere Sinne dabei, solche Gefährdungen zu vermeiden. Bei gleich niedriger Temperatur fühlen sich Körper, die die Energie schnell transportieren, nämlich kälter an.

Das kannst du selbst ausprobieren: Wenn du einen Styropor- und einen Eisenblock in den Kühlschrank stellst, haben sie nach einigen Stunden dieselbe niedrige Temperatur. Fasst du sie anschließend an, fühlt sich der Eisenblock erheblich kälter an als der Styroporblock. Die Sinne unterscheiden also weniger die Temperaturen als vielmehr, wie schnell die Energie aus der Haut transportiert wird.

Dies erklärt auch, warum dir Badewasser von 21°C bedeutend kälter vorkommt als Luft von 21°C: Wasser transportiert die Energie besser als Luft (Abb. ▶ 1). Wenn du dich einige Zeit in solchem Wasser aufhältst, bekommst du blaue Lippen oder andere Unterkühlungserscheinungen. Du musst dann das Wasser zügig verlassen. Auf ähnliche Weise warnen uns die Sinne auch vor Verbrennungen an heißen Gegenständen.
Wasser von 50°C schadet dem Menschen mehr als Luft von 50°C. Er empfindet allerdings auch solches Wasser heißer als Luft von gleich hoher Temperatur. Probiere selbst: Bringe den Backraum eines Backofens auf 50°C und stelle dann den Ofen aus. Halte deine Hand in den Backraum und kontrolliere die Temperatur mit einem Thermometer. Es wird dir nicht unangenehm heiß vorkommen. Tauche deine Hand nun kurz in Wasser von 50°C. (VORSICHT! Bei höheren Wassertemperaturen kannst du dir die Hände verbrühen!) Das Wasser scheint viel heißer zu sein.

Wie aber verhält man sich, wenn man sich nun doch einmal „verbrannt" hat? Um den Schaden zu begrenzen, muss man die überschüssige Energie in der Haut möglichst rasch loswerden.
Bei ganz geringen Verbrennungen an den Fingerspitzen kannst du die Energie schon dadurch abführen, indem du die meist kalten Ohrläppchen anfasst. Bei etwas stärkeren Verbrennungen an Armen oder Beinen solltest du sie sofort für längere Zeit (20-30 Minuten) unter fließendes kaltes Wasser halten oder Kühlelemente auflegen und anschließend den Arzt aufsuchen. Zu Hause findest du bestimmt ein Buch über erste Hilfe. Lies einmal den Abschnitt über Verbrennungen und Verbrühungen.

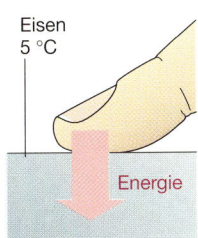

Eisen 5 °C

Sinne melden: „sehr kalt".

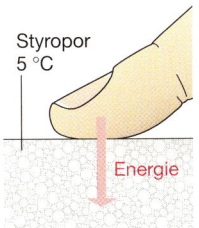

Styropor 5 °C

Sinne melden: „kaum kalt".

Energie unterwegs **21**

Energietransport mit Materie

Energie kann auf verschiedene Weise transportiert werden. Der Ritter in Abb. ▶ 2 zeigt neben der Wärmeleitung auch eine andere Möglichkeit.

① Wie gelangt die Energie vom Heizkessel zum Heizkörper? Forsche zu Hause oder bei Freunden nach.

② Untersuche einen Föhn (VORSICHT: Stecker ziehen, Gerät nicht öffnen!). Wie gelangt die Energie von den heißen Glühdrähten zum Haar?
Die glühenden Drähte erwärmen die umgebende Luft (Abb. ▶ 1). Die heiße Luft wird vom Ventilator zum Haar befördert. Dort gibt die Luft Energie an das Haar ab.

③ Warum pustet man über eine zu heiße Suppe? Experimentiere mit heißem Wasser, einer Uhr und einem Thermometer.

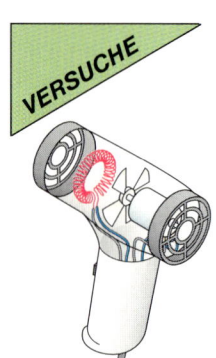

1 Schnitt durch einen Föhn (vereinfacht)

2 Welche Methode ist schneller?

Wärmemitführung

Bei der Warmwasserheizung (Abb. ▶ 3) wird Wasser im Heizkessel erhitzt; es nimmt dabei Energie auf. Durch die Pumpe wird es zum Heizkörper befördert. Die vom Wasser mitgeführte Energie wird dort an die Luft abgegeben. Das abgekühlte Wasser gelangt wieder in den Heizkessel und der Kreislauf beginnt von neuem.

Diese Art von Energietransport nennt man **Wärmemitführung**.

Auch die Rohre transportieren die Energie zum Heizkörper, und zwar durch Wärmeleitung. Selbst bei Kupferrohren geht das aber viel zu langsam.

Sowohl bei der Wärmeleitung als auch bei der Wärmemitführung wird Energie transportiert. Bei der Wärmeleitung wird die Energie im Material transportiert, ohne dass dies sich bewegen muss. Bei der Wärmemitführung dagegen wird die Energie zusammen mit dem Material transportiert.
Durch Wärmemitführung kann die Energie oft schneller als durch Wärmeleitung transportiert werden.

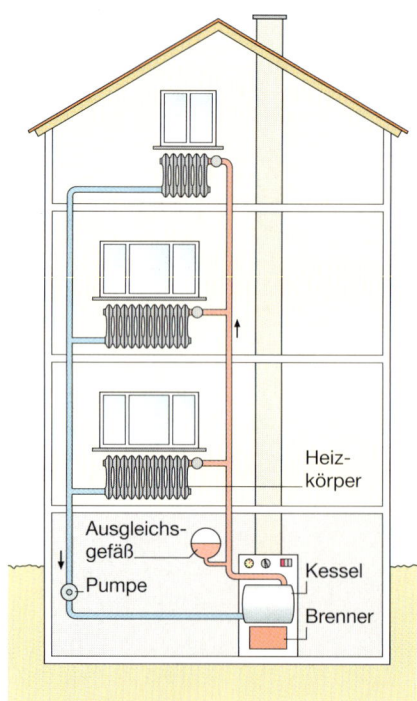

3 Energietransport bei der Warmwasserheizung

Wir lassen Luft und Wasser strömen

VERSUCHE

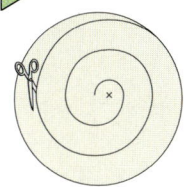

Vorlage Ø ca. 15 cm
Faden

1

Vielleicht hast du schon einmal beobachtet, wie Raubvögel kreisend immer höher steigen. Warum sie dazu keinen Flügelschlag brauchen, untersuchen wir nun.

① Schüttle über einer heißen Herdplatte ein Staubtuch aus (VORSICHT – Brandgefahr!). Beleuchte die Staubteilchen im abgedunkelten Raum mit einer Taschenlampe (Abb. ▶ 2). Du siehst die Staubteilchen nach oben steigen.

② Schneide aus Papier eine Spirale aus (Abb. ▶ 1) und hänge sie an der markierten Stelle an einen Faden. Wenn du sie über einen Heizkörper oder eine Kerze (VORSICHT – Brandgefahr!) hältst, dreht sie sich.

③ Miss die Temperatur über und neben einem Heizkörper. Du stellst fest, dass sie darüber höher als daneben ist.

④ Wenn das Wasser im Rohr an einer Stelle erwärmt wird, fängt es an zu kreisen (Abb. ▶ 3). Dies wird durch ein Färbungsmittel sichtbar gemacht.

2 Über der heißen Herdplatte steigen Staubteilchen nach oben.

Selbständige Wärmemitführung

Sobald man Wasser an einer Stelle erwärmt, beginnt es dort aufwärts zu strömen. Das strömende Wasser transportiert die Energie in kältere Bereiche und gibt sie dort ab. Gleichzeitig strömt kälteres Wasser von der Seite nach. So kann sich selbständig ein Wasserkreislauf bilden (Abb. ▶ 3).

Das Gleiche beobachten wir auch bei Gasen und anderen Flüssigkeiten: Erwärmte Flüssigkeiten und Gase steigen selbstständig nach oben und erzeugen einen Kreislauf. Dabei wird Energie durch Wärmemitführung transportiert.

In der Wohnung führen solche Kreisläufe dazu, dass erwärmte Luft vom Heizkörper in kältere Bereiche des Zimmers transportiert wird (Abb. ▶ 4).

In der Natur finden wir ebenfalls selbstständige Wärmemitführungen; Winde und Meeresströmungen sind Beispiele dafür. Ohne solche Winde wäre es im Winter in Europa oft noch kälter.

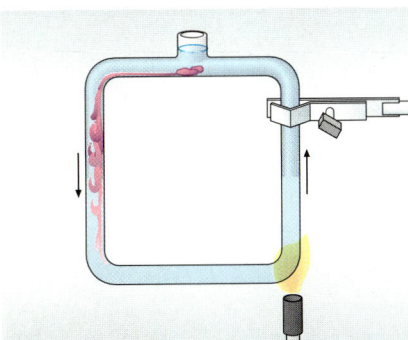

3 Die Pfeile zeigen die Strömungsrichtung des Wassers.

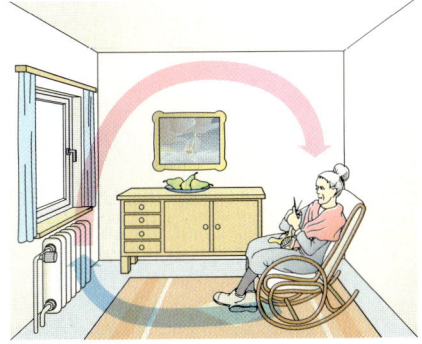

4 Selbstständige Wärmemitführung im Zimmer

Energie unterwegs

Energietransport ohne Materie

VERSUCHE

Pappe mit Aluminiumfolie

Rotlichtlampe

1 Zu Versuch 2

① In Abb. ▶ 2 werden Temperaturen in der Nähe einer Rotlichtlampe gemessen. Warum kann die Energie nicht allein durch Wärmeleitung oder Wärmemitführung zur Hand gelangen? Die Temperaturangaben helfen dir bei der Antwort.

② Wir richten den Strahl einer Rotlichtlampe auf weiße und auf schwarze Pappe. Die schwarze Pappe wird viel wärmer als die weiße. Hinter der Pappe ist keine Temperaturerhöhung festzustellen.
Wenn die Pappe mit Aluminiumfolie überzogen ist (Abb. ▶ 1), ändert sich ihre Temperatur kaum; jetzt steigt das Thermometer neben der Lampe.

Am Lagerfeuer stellen wir fest: Vorne glüht's; hinten friert's. Woran liegt das?

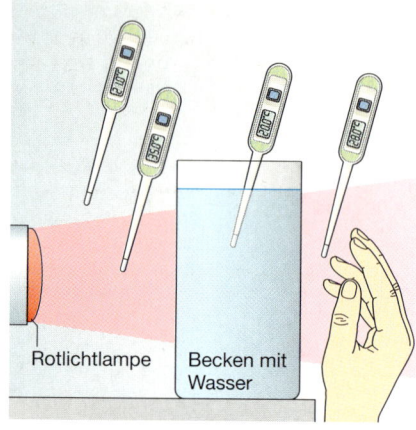

Rotlichtlampe   Becken mit Wasser

2 Bei der Hand ist die Temperatur höher als im Becken oder oberhalb davon.

Wärmestrahlung

Bei der Wärmeleitung und der Wärmemitführung ist ein Material zum Energietransport nötig. Wenn die Energie in Abb. ▶ 2 auf solche Weise zur Hand transportiert würde, müsste die Temperatur des Wassers oder der Luft oberhalb des Beckens größer als die Temperatur der Hand sein.
Die Messwerte zeigen: Hier muss die Energie auf eine andere Art transportiert werden. Wir bezeichnen diese Art als **Wärmestrahlung**. Auf diese Weise gelangt auch die Energie von der Sonne durch das leere Weltall zur Erde.
Bei der Wärmestrahlung wird kein Material benötigt. Sie kann von hellen glänzenden Oberflächen reflektiert (zurückgeworfen) und von dunklen Oberflächen absorbiert (verschluckt) werden.
Beim Absorbieren geht die Energie auf den Gegenstand über; dieser erhöht seine Temperatur.
<u>Bei der Wärmestrahlung wird Energie ohne einen Körper transportiert.</u>

Auf Hausdächern beobachtet man zuweilen große dunkle Platten. Mit Hilfe solcher **Sonnenkollektoren** (Abb. ▶ 3) können die Häuser geheizt oder Badewasser erwärmt werden.

Von dem geschwärzten Blech wird Energie absorbiert, die durch die Wärmestrahlung von der Sonne zur Erde gelangt. Diese Energie wird dann durch Wärmeleitung an das Wasser in den Heizschlangen abgegeben. Durch Wärmemitführung gelangt sie zum Vorratsbehälter, wo sie gespeichert werden kann, bis sie zum Erwärmen des Wassers im Heizkörper benötigt wird. Um möglichst viel Energie im Laufe eines Tages absorbieren zu können, muss das Blech nach Süden gerichtet sein.

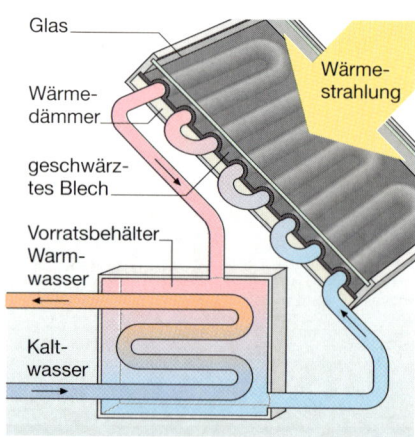

Glas — Wärmestrahlung — Wärmedämmer — geschwärztes Blech — Vorratsbehälter Warmwasser — Kaltwasser

3 Heizen mit Sonnenenergie

In dem zusammengerollten Schlauch kannst du Wasser mit Sonnenenergie erhitzen.

Wärmedämmung

Im Winter kühlen Räume ab, wenn sie nicht mehr weiter geheizt werden. Die Energie wird über Fenster, Türen und Mauern an die Außenluft abgegeben. Wie kann man dies verhindern?

① An Wänden und Dächern findest du oft Matten aus Mineralwolle (Abb. ▶ 2). Häufig sind sie mit einer Aluminiumfolie versehen. Auf welche Weise behindern sie den Energietransport?

② Belege die Wände eines Kartons mit Styroporplatten. Stelle eine Tasse mit 50 °C heißem Wasser hinein und verschließe ihn (Abb. ▶ 3). Miss die Temperatur jede 5 Minuten und notiere sie. Führe den Versuch auch ohne die Styroporplatten durch. Vergleiche die Ergebnisse. Ohne Styropor sinkt die Temperatur schneller.

③ Mit einem Föhn untersuchen wir den Energietransport bei einfachen und bei Doppelglasscheiben (Abb. ▶ 1). Bei der Doppelglasscheibe fallen die Wachskugeln zuletzt.

④ Untersuche Kühltaschen; wie erreicht man, dass kaum Energie von außen eindringen und das Kühlgut erwärmen kann?

⑤ Fülle zwei gleiche Flaschen mit heißem Wasser und wickle eine davon in einen dicken Wollschal. Vergleiche die Wassertemperaturen nach einer halben Stunde.

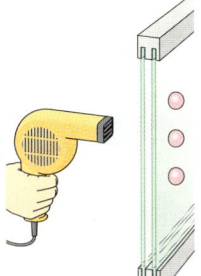
VERSUCHE

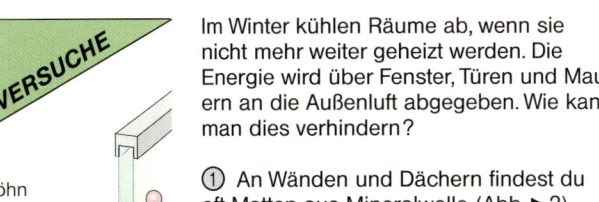
Föhn — dicke Glasscheibe

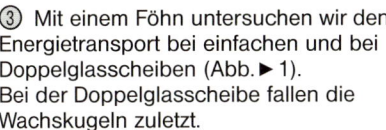

zwei getrennte Glasscheiben

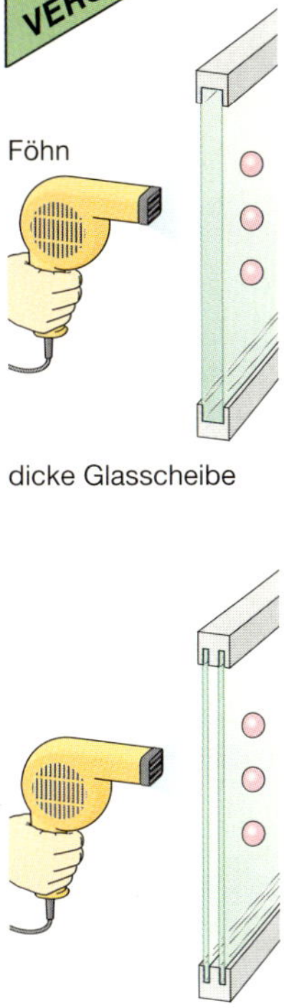

1 Welche Wachskugeln fallen zuerst?

2 Das Dach wird mit Matten aus Mineralwolle verkleidet.

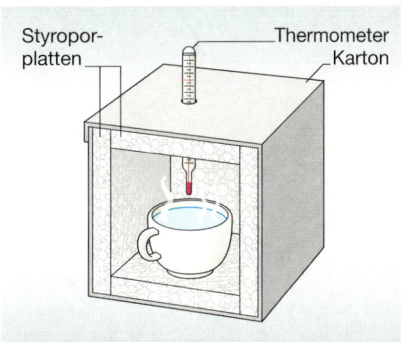
3 Versuch zur Wärmedämmung

Wie lässt sich Wärmedämmung erreichen?

Bei der Wärmedämmung wird der Energietransport durch Wärmeleitung, Wärmemitführung oder Wärmestrahlung behindert.

Die Wärmeleitung kann gehemmt werden, indem man schlechte Wärmeleiter, wie zum Beispiel Luft, benutzt. Allerdings kann die Luft die Energie noch durch Wärmemitführung transportieren. Solche Luftströmungen lassen sich durch Mineralwolle behindern; die dazu benutzten Fasern sind auch keine guten Wärmeleiter. Auf dieselbe Weise wirken auch Schaumstoffe.

Energietransport durch Wärmestrahlung kann behindert werden, indem man helle oder glänzende Oberflächen (zum Beispiel von Aluminiumfolien) einsetzt.

Nicht in jedem Fall werden alle diese Maßnahmen gleichzeitig benutzt: Bei Doppelglasscheiben kann die Energie zwischen den beiden Scheiben noch durch Wärmestrahlung und Wärmemitführung transportiert werden. Bei Rettungsfolien oder Kühltaschen werden Wärmestrahlung und Wärmemitführung unterbunden.

Energie unterwegs

AUFGABEN

Heimversuche und Erkundungen

1. Energietransport bei einer Kerze

a) Halte deine Hand oberhalb (VORSICHT vor Verbrennungen!) und neben der Kerze im gleichen Abstand zur Flamme. Wo fühlt es sich wärmer an? Überprüfe mit einem Thermometer! Wie gelangt die Energie jeweils von der Kerze zur Hand?
b) Berühre die Kerze an verschiedenen Stellen. Ist Wachs ein guter Wärmeleiter? Begründe deine Antwort.
c) Im flüssigen Wachs der brennenden Kerze bewegen sich oftmals kleine, schwarze Rußteilchen. Beobachte ihre Bewegung. Fertige ein Protokoll an.
d) Bei welchem Thermometer in Abb. ▶ 1 steigt der Flüssigkeitsfaden schneller? Führe den Versuch durch und fertige ein Protokoll an.

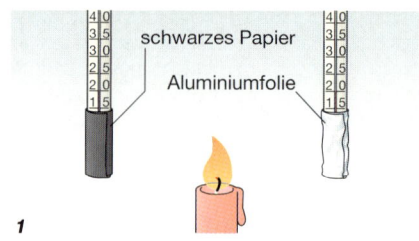

1

2. Wärmedämmung zu Hause

Untersuche bei dir zu Hause Wände, Böden und Decken sowie Fenster nach Maßnahmen zur Wärmedämmung. Erkundige dich auch bei deinen Eltern.
Welche dieser Maßnahmen könnten auch dem Schallschutz dienen?

Fragen

Zur Energie

① Welche Energie ist erforderlich, um
a) bei 1 ℓ Wasser die Temperatur um 20°C (50°C) zu erhöhen,
b) bei 5 ℓ Wasser die Temperatur um 20°C (30°C) zu erhöhen?

② Wie kann man mit Hilfe eines Dynamos und eines Tauchsieders nachweisen, dass ein hochgehobener Stein Energie besitzt?

Zur Wärmeleitung

③ Nenne drei gute und drei schlechte Wärmeleiter.

④ Untersuche Fonduegabeln. Warum sind sie in der Regel mit Holzgriffen versehen?

⑤ Im Winter kann man beobachten, dass der Schnee auf den Dächern der Häuser unterschiedlich schnell wegtaut. Erkläre dies.

Zur Wärmemitführung

⑥ Erläutere den Unterschied zwischen Wärmeleitung und Wärmemitführung.

⑦ Bei älteren Zentralheizungen findet man keine Pumpe im Wasserkreislauf. Wie können sie dennoch funktionieren? Warum sind die Rohre bei diesen Heizungen breiter?

⑧ Erkläre, wie der Motor in Abb. ▶ 2 gekühlt wird.

⑨ Wie entstehen die Schmutzstreifen über dem Heizungskörper (Abb. ▶ 3)?

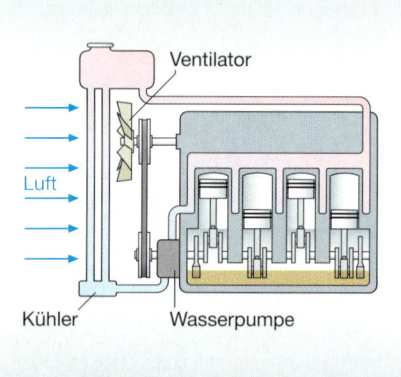

2 Wasserkühlung beim Benzinmotor

3 Schmutzstreifen über dem Heizkörper

⑩ Am Tage ist das Land heißer als das Wasser. Erkläre, wie es an der Küste zu dem „Seewind" (Wind, der von der See zum Land weht.) kommt (Abb. ▶ 1). Warum beobachtet man in der Nacht einen Wind in der entgegengesetzten Richtung (Landwind)?

Zur Wärmestrahlung

⑪ Wodurch unterscheidet sich die Wärmestrahlung von der Wärmeleitung und der Wärmemitführung?

⑫ Im Sommer trägt man oft helle Kleidung. Weißt du warum?

⑬ Warum sind Kühlwagen in der Regel in hellen Farben gestrichen?

⑭ Untersuche Tüten, in denen heiße Hähnchen vom Grill verpackt werden. Warum sind sie im Innern mit Aluminiumfolie ausgekleidet?

1 Seewind

Zur Wärmedämmung

⑮ Warum hält auch grobmaschig gestrickte Wolle gut warm, solange man nicht im Wind steht?

⑯ Im Winter plustern Vögel häufig ihre Federn auf. Was bezwecken sie damit?

⑰ Was versteht man unter Wärmeisolation? Schaue gegebenenfalls im Lexikon nach.

⑱ Auf welche Weise sorgt die Thermosflasche dafür, dass sich eine heiße Flüssigkeit in ihr kaum abkühlt (Abb. ▶ 2)? Kann die Thermosflasche auch kalte Getränke kühl halten?

⑲ Warum werden beim Hausbau oft Hohlblocksteine verwendet?

⑳ Können Kühlboxen auch zum Warmhalten benutzt werden?

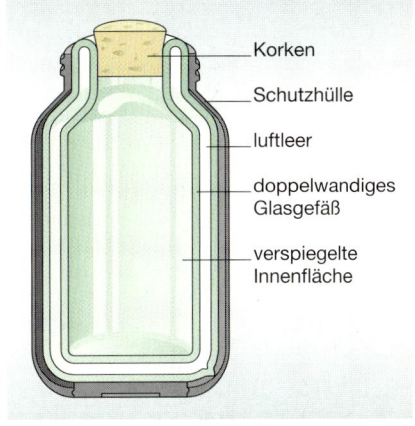

2 Schnitt durch eine Thermosflasche

Weitere Probleme

㉑ Auf einer 100-g-Tafel Schokolade findet man die Aufschrift 2000 kJ.
a) Wie viel Energie ist in einer 200-g-Tafel der gleichen Sorte?
b) Um 2 Minuten lang zu joggen, benötigst du ca. 100 kJ. Wie viel Minuten kannst du mit einer 100-g-Tafel Schokolade joggen?

㉒ Auf welche Weise gelangt die Energie vom Kachelofen zu den einzelnen Personen und zur Katze (Abb. ▶ 3)?

3 Am Kachelofen

Energie unterwegs

㉓ Zur Warmwasserheizung
a) Wozu dient der Ausgleichsbehälter?
b) Warum lässt man das heiße Wasser am Heizkörper immer oben hinein- und das kältere Wasser unten herausfließen?

㉔ Elektronische Bauteile werden mit Hilfe von Lötzinn an den Leiterbahnen der Platine befestigt (Abb. ▶ 1). Dabei wird das Zinn durch einen Lötkolben verflüssigt. Nach dem Erstarren sind die Drähte der Bauteile mit den Leiterbahnen verbunden. Manche dieser Bauteile werden allerdings zerstört, wenn sie dabei zu heiß werden. Wieso wird dies vermieden, wenn man die Drähte beim Einlöten mit einer Metallzange umfasst?

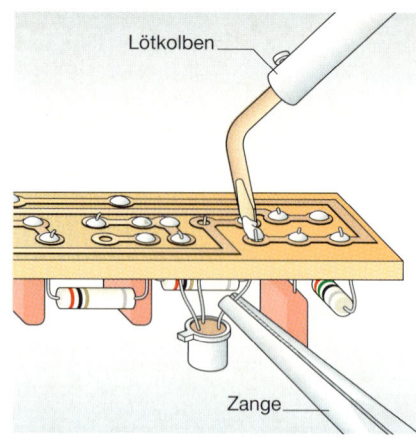

1 Einlöten von elektronischen Bauteilen

㉕ In Abb. ▶ 3 kommt das Wasser zum Sieden, ohne dass der Papierbecher ansengt. Führe den Versuch selbst durch und lege ein Versuchsprotokoll an.

㉖ Energietransport bei Wasser
a) Erhitze Wasser einmal am oberen Ende und einmal am unteren Ende des Reagenzglases (Abb. ▶ 5).
Auf welche Art wird die Energie in den beiden Versuchen transportiert? Ist Wasser ein guter Wärmeleiter? Begründe deine Antworten.
b) Wie sollte man sich verhalten, wenn man in kaltem Wasser treibt? Sollte man sich möglichst still verhalten oder kräftig strampeln, um eine Unterkühlung zu vermeiden? Versuche mit Hilfe des Aufgabenteils a) eine Antwort zu finden.

3 Wasserkochen im Papierbecher

㉗ Brennbare Gase entzünden sich erst, wenn sie auf die sogenannte Zündtemperatur erhitzt werden.
a) Das Gas aus dem Gasbrenner wird oberhalb des Kupfernetzes angezündet. Warum dringt die Flamme nicht durch das Netz hindurch (Abb. ▶ 2)?
b) Stülpe ein großes Glas über ein brennendes Teelicht. Was beobachtest du?
c) In Bergwerkstollen befinden sich manchmal brennbare Gase. Wenn sie durch eine Flamme entzündet werden, kann es zu einer explosionsartigen Verbrennung kommen. Um solche „schlagenden Wetter" zu vermeiden, benutzten die Bergleute früher Sicherheitslampen (Abb. ▶ 4). Erkläre ihre Funktionsweise. Überlege auch, warum die Flamme nicht einfach rundherum von Glas eingeschlossen wird.

2

㉘ Ohne Flügelschlag können manche Vögel durch die Luft kreisend immer höher steigen. Wie machen sie das? Können sie das überall?

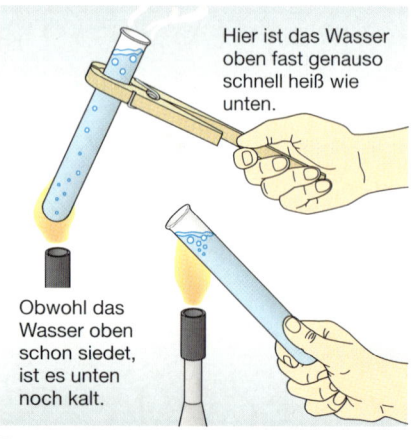

4 Sicherheitslampe

5 Hier ist das Wasser oben fast genauso schnell heiß wie unten.

Obwohl das Wasser oben schon siedet, ist es unten noch kalt.

Energie unterwegs

Elektrische Stromkreise

Überall Elektrizität

Schon seit dem 16. Jahrhundert sind elektrische Erscheinungen bekannt. Doch erst im 19. Jahrhundert wurden die Geheimnisse der Elektrizität gelüftet, und ihre technischen Anwendungen konnten sich dann allmählich überall auf der Erde durchsetzen.
Heute können wir uns ein Leben ohne elektrische Geräte kaum noch vorstellen. Es wäre schon eine Katastrophe, wenn irgendwo für eine längere Zeit der elektrische Strom ausfiele: Man müsste mit Kerzen oder Fackeln leuchten, in vielen Wohnungen könnte man nicht kochen, die Lebensmittel in den Kühl- und Gefrierschränken würden verderben, Straßenbahnen und Züge blieben stehen ...

Wenn man nicht sachgerecht mit elektrischen Geräten umgeht, können allerdings auch gefährliche Situationen mit tödlichem Ausgang entstehen. Kennst du solche gefährliche Situationen? Wie kannst du Unfälle mit elektrischem Strom vermeiden?

Batterie und Lämpchen

Einfache Lichtanlagen kannst du mit Glühlämpchen und Flachbatterien bauen. Versuche ein Glühlämpchen zum Leuchten zu bringen.
Kannst du auch zwei Lämpchen so an die Flachbatterie halten, dass sie gleichzeitig leuchten?
Versuche verschiedene Möglichkeiten zu finden.

Anschließen von elektrischen Geräten

VORSICHT! Der Umgang mit elektrischen Quellen kann tödlich sein. Benutze deshalb nie den elektrischen Strom direkt aus der Steckdose! Hantiere nie mit Werkzeugen oder anderen Gegenständen an elektrischen Quellen, auch nicht an Leitungen und Geräten, die mit diesen verbunden werden!
Bei den folgenden Versuchen benutzen wir als elektrische Quellen Batterien, Akkumulatoren oder Netzgeräte, bei denen diese Gefahr nicht besteht.

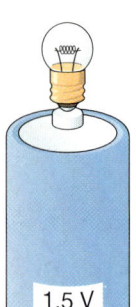

Man kann auf verschiedene Weise ein Lämpchen mit einer Flachbatterie, Monozelle oder Blockbatterie zum Leuchten bringen.

① Führe die Versuche Nr. 1 bis 8 von Abb. ▶ 1 durch und stelle fest, wann das Lämpchen leuchtet.
Bei den ersten vier Versuchen leuchten nur die Anordnungen 3 und 4. Was stellst du bei den weiteren Versuchen fest?

② Bringe eine Glühlampe mit einer Monozelle zum Leuchten. Anschlussstellen bei solchen Batterien sind die Metallkappe (oben) und die Bodenfläche unten. Du brauchst jetzt zusätzlich einen Draht.

③ Wir schließen ein Lämpchen vom Fahrradscheinwerfer zunächst an eine Monozelle, dann an eine Flachbatterie und schließlich an eine Blockbatterie an. Dasselbe Lämpchen leuchtet bei den unterschiedlichen Batterien verschieden hell. Bei der Monozelle glüht es kaum. Bei der Blockbatterie brennt es sehr hell. Hier besteht die Gefahr, dass es durchbrennt.

④ An eine Monozelle schließen wir nacheinander ein Lämpchen aus einer kleinen Taschenlampe, ein Fahrradlämpchen und schließlich eine 230 V-Glühlampe an. Die Lämpchen leuchten unterschiedlich hell, obwohl sie von der gleichen elektrischen Quelle betrieben werden.

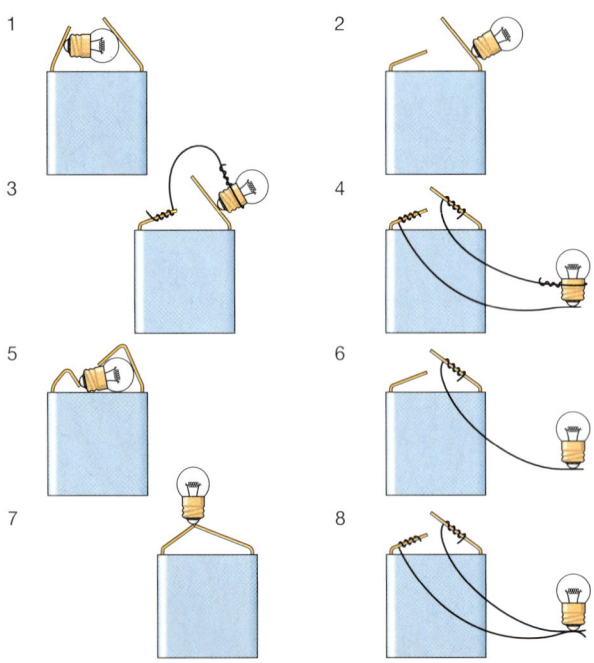

1 Ein Glühlämpchen soll zum Leuchten gebracht werden.

Elektrische Geräte und ihre Anschlussstellen

Um ein Lämpchen zum Leuchten zu bringen, muss es an eine **elektrische Quelle** (z. B. eine Batterie) angeschlossen werden. Dazu besitzen das Glühlämpchen und die elektrische Quelle je zwei Anschlussstellen. Bei elektrischen Quellen nennt man sie häufig Pole; die Symbole „+" und „−" an der Batterie bezeichnen den **Plus-** und den **Minuspol**. Bei einer Monozelle bilden die Metallkappe und die Bodenfläche die Pole; bei einer Flachbatterie sind es die beiden Metallzungen.

Akku, Dynamo, Solarzelle und Steckdose sind ebenfalls Beispiele für elektrische Quellen.
Mit ihnen kann man nicht nur Lämpchen betreiben, sondern auch andere **elektrische Geräte**, wie z. B. Klingel, Waschmaschine, Radio, Staubsauger usw.

Abb. ▶ 1 zeigt für einige elektrische Quellen und elektrische Geräte die Anschlussstellen.
Jede der beiden Anschlussstellen der Glühlampe muss nun mit einem Pol der Quelle verbunden werden. Dies kann direkt oder über Kabel geschehen. Genauso werden auch andere elektrische Geräte angeschlossen.
Elektrische Quellen und Geräte haben jeweils zwei Anschlussstellen. Will man ein elektrisches Gerät in Betrieb nehmen, so muss man je eine seiner Anschlussstellen mit je einem Pol der elektrischen Quelle verbinden.

Jedes Gerät an die richtige Quelle

Versuche mit unterschiedlichen elektrischen Quellen und verschiedenen elektrischen Geräten zeigen: Nicht jedes elektrische Gerät kann mit jeder elektrischen Quelle betrieben werden. Manchmal können elektrische Geräte sogar durch elektrische Quellen zerstört werden.
Wie kann man sicherstellen, dass elektrische Quellen und Geräte zueinander passen? Auf elektrischen Quellen und auch auf den Geräten befinden sich häufig Angaben über eine **Nennspannung** in der Einheit **Volt**.

Eine Flachbatterie von 4,5 V (gelesen: 4,5 Volt) kann eine 4,5 V-Glühlampe betreiben. Hat die Nennspannung auf der Glühlampe dagegen einen größeren Wert, so leuchtet sie kaum oder gar nicht; ist sie erheblich kleiner als 4,5 V, so brennt sie durch.
Auch eine 230 V-Waschmaschine funktioniert nicht, wenn sie an eine 9 V-Blockbatterie angeschlossen wird. Umgekehrt würde ein 9 V-Glühlämpchen platzen (Gefahr), wenn man es an die 230 V-Steckdose anschließen würde.
Beim Anschluss elektrischer Geräte müssen deren Nennspannungen mit denen der Quelle nahezu übereinstimmen.

Elektrische Quellen mit Nennspannungen über 24 V können lebensgefährlich sein!

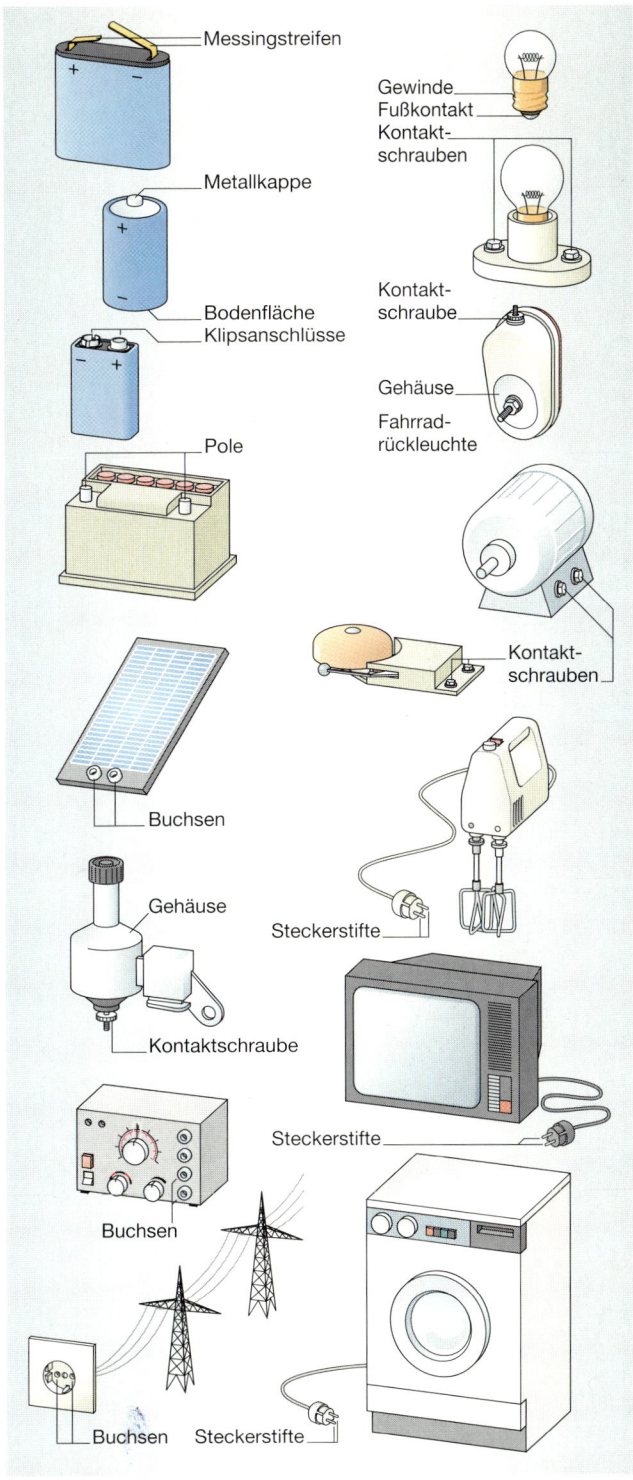

1 Verschiedene Quellen (links) und elektrische Geräte (rechts) mit ihren Anschlussstellen

Elektrische Stromkreise **31**

Ein- und Ausschalten von elektrischen Geräten

Elektrogeräte kann man mit Schaltern bequem ein- und ausschalten. Wir untersuchen ihren Einsatz in einer elektrischen Schaltung.

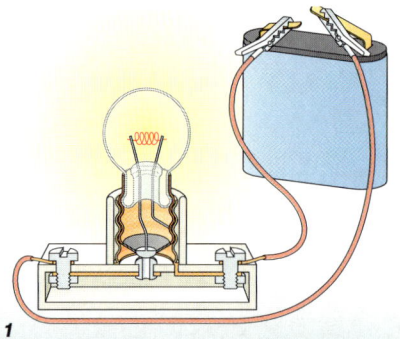

1

① Baue eine Anordnung wie in Abb. ▶ 1 auf. Suche nach verschiedenen Möglichkeiten, das Lämpchen auszuschalten. Das Lämpchen erlischt zum Beispiel, wenn es in der Fassung losgedreht wird oder wenn ein Kabel irgendwo abgetrennt oder durchgeschnitten wird.

② Beobachte elektrische Haushaltsgeräte. An ihnen findest du Taster, Hebel, Dreh- oder Druckknöpfe. Welche Bedeutung haben sie?
Meist handelt es sich um Schalter, mit denen die Verbindung zwischen Gerät und Quelle einfach und gefahrlos hergestellt oder getrennt werden kann.

③ Baue die Schaltung von Abb. ▶ 2 nach und betätige den Schalter. Füge danach den Schalter bei der anderen Verbindungsleitung ein.
In beiden Zuleitungen kann man mit dem Schalter das Glühlämpchen ein- und ausschalten.

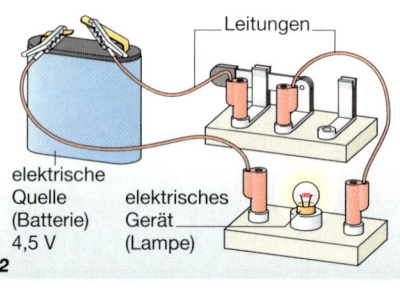

elektrische Quelle (Batterie) 4,5 V   elektrisches Gerät (Lampe)
2

Der geschlossene Stromkreis

Leuchtet bei einer Schaltung wie in Abb. ▶ 1 das Lämpchen, so zeigt es an, dass in ihm elektrischer Strom ist. Elektrischer Strom besteht allerdings nur dann, wenn eine durchgehende Verbindung von einem Pol der Quelle zum anderen besteht: zum Beispiel vom Minuspol durch ein Kabel, einen Blechstreifen, die Fußkontakte von Fassung und Lämpchen, die Glühwendel des Lämpchens, die Gewinde von Lämpchen und Fassung, durch einen weiteren Blechstreifen und ein Kabel bis zum Pluspol der Batterie. Eine solche durchgehende Verbindung nennt man einen **elektrischen Stromkreis**.

Ähnlich ist es auch bei anderen elektrischen Geräten. Stets ist je ein Anschluss des Gerätes mit je einem der elektrischen Quelle verbunden. Fehlt eine Zuleitung oder ist sie unterbrochen, so ist der Stromkreis nicht geschlossen, sondern offen, es gibt keinen elektrischen Strom.
Ein elektrisches Gerät lässt sich nur dann betreiben, wenn es in einem geschlossenen Stromkreis liegt.

Schalter

Um elektrische Stromkreise in einfacher Weise zu öffnen oder zu schließen, benutzt man Schalter. Sie werden in einer der Anschlussleitungen oder in dem Elektrogerät selbst eingebaut. Dabei ist es gleichgültig, welche Zuleitung gewählt wird.

Je nach Bauart (Abb. ▶ 3) betätigt man einen Hebel, eine Taste oder einen Knopf. Bei allen Schaltern ist aber eines gleich: Beim Betätigen kommt man nicht mit stromführenden Teilen in Berührung.

Tastschalter
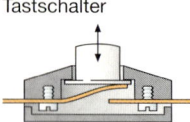

Stellschalter
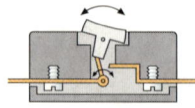

3 Schalter

Mit einem solchen Schalter kann man den elektrischen Stromkreis gefahrlos öffnen oder schließen.

Der Schalter kann an einer beliebigen Stelle in den Stromkreis eingebaut werden: Gleichgültig, welcher Schalter in Abb. ▶ 3 geöffnet wird, der Stromkreis wird unterbrochen und die Glühlampen gehen aus.

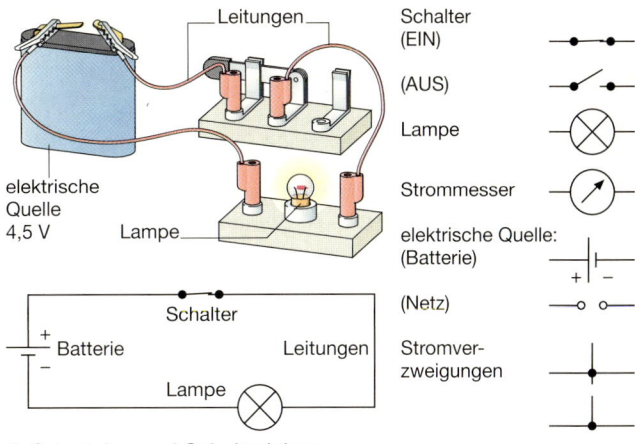

1 Schaltplan und Schaltzeichen

Schaltzeichen und Schaltpläne

Beim Zeichnen eines Stromkreises wäre es mühsam, jedesmal die wirkliche Form der elektrischen Quellen, Geräte und Leitungen zu zeichnen. Deshalb hat man für jedes Bauteil ein sogenanntes Schaltzeichen eingeführt (Abb. ▶ 1).
Die einzelnen Schaltzeichen werden miteinander durch parallel oder rechtwinklig zueinander verlaufende gerade Linien verbunden. Sie stellen die Leitungen zu den jeweiligen Bauteilen dar.

Auf diese Weise erhält man schnell einen Überblick über den elektrischen Stromkreis. Man nennt solche Zeichnungen Schaltpläne (Abb. ▶ 1).
Ein Schaltplan gibt eine Übersicht darüber, wie die einzelnen Bauteile in einer elektrischen Schaltung miteinander verbunden sind.

Strom, was ist das?

„Bei einem Fluss sehe ich tatsächlich, wie das Wasser strömt," denkt Verena. „Wie kommt man bloß darauf, dass sich beim elektrischen Strom etwas bewegen soll?" Sie fragt in der nächsten Physikstunde. Die Lehrerin antwortet: „Man spricht von einem Strom, wenn etwas fließt oder sich in eine Richtung bewegt. Ein Gas- oder Wasserstrom z. B. kommt nun in der gesamten Leitung zum Erliegen, wenn du die Leitung an irgendeiner Stelle sperrst. Bei elektrischen Geräten ist es ähnlich:

Die Physiker haben herausgefunden, dass beim Betrieb von elektrischen Geräten tatsächlich etwas fließt; sie nennen es Elektronen. Wenn der Stromkreis an irgendeiner Stelle unterbrochen wird, hört das Fließen der Elektronen an jeder Stelle des Stromkreises auf; es gibt keinen elektrischen Strom mehr."
Was geschieht mit den Elektronen, wenn in Abb. ▶ 3 irgendein Schalter betätigt oder eine Glühlampe aus der Fassung gedreht wird?

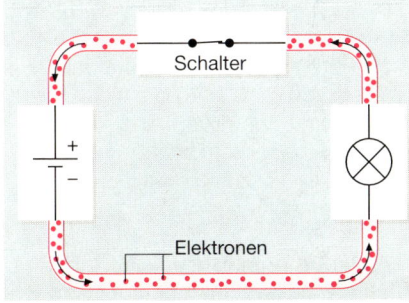

2 Bei geschlossenem Schalter hält die elektrische Quelle die Elektronen in Fluss.

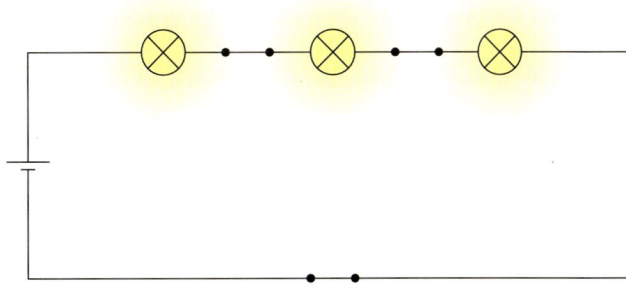

3 Wenn der Stromkreis unterbrochen wird, leuchtet keines der Lämpchen.

Elektrische Stromkreise 33

Gute und schlechte elektrische Leiter

Es ist lebensgefährlich, mit Metallstiften an Steckdosen zu hantieren oder in der Badewanne einen Föhn zu benutzen. Dagegen kannst du das Anschlusskabel des laufenden Staubsaugers anfassen, ohne dass dir etwas passiert. Wir wollen die Gründe dafür kennenlernen.

① Schneide das Reststück eines Elektrokabels auf. Untersuche seinen Aufbau (Abb. ▶ 1). Welche Bedeutung haben die einzelnen Bestandteile, z. B. das teure Metall Kupfer?

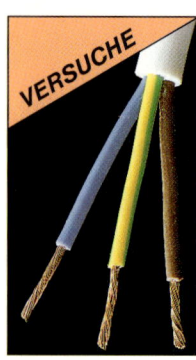

1 Elektrokabel

② Ersetze wie in der Anordnung von Abb. ▶ 2 dargestellt ein Stück des Kabels zwischen Batterie und Lämpchen durch einen Wollfaden, ein Plastiklineal, eine Bleistiftmine, die Metallkappe eines Füllers, einen Holzstift oder einen Radiergummi. Nur bei der Bleistiftmine und der Metallkappe leuchtet das Lämpchen. Untersuche auch weitere Gegenstände. Fasse die Ergebnisse in einer Tabelle zusammen.

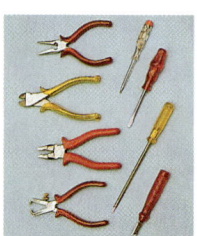

3 Werkzeuge des Elektrikers

③ Untersuche Werkzeuge des Elektrikers (Abb. ▶ 3). Warum haben sie Griffe aus Kunststoff oder Gummi?

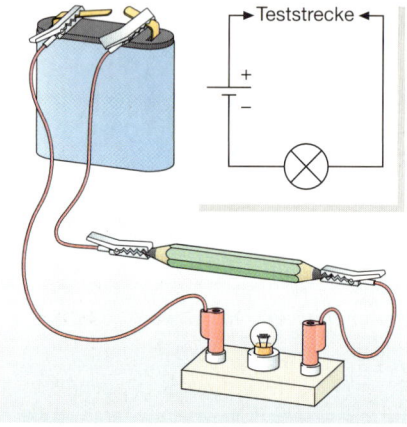

2 Hier wird gerade eine Bleistiftmine untersucht.

④ Wir bauen in der Schaltung von Abb. ▶ 2 zwischen Lämpchen und Batterie einen dünnen Draht (z. B. aus Konstantan) von 1 m, 2 m und 3 m Länge ein.
Je länger der Draht ist, desto schwächer leuchtet das Lämpchen.
Führe den Versuch auch mit dünnen Eisendrähten durch.

---

leitet gut

Silber
Kupfer
Aluminium
Eisen
Konstantan
Graphit
Säuren
Laugen
Salzlösung
Leitungswasser
feuchte Erde
nasses Holz
destilliertes Wasser
Benzin, Öl
Luft
Papier
Wolle
Glas, Gummi
Porzellan

leitet nicht

4 Leiter und Isolatoren

Feste Körper als elektrische Leiter

Nicht mit allen Stoffen kann man einen geschlossenen elektrischen Stromkreis herstellen. Wie prüft man nun, ob ein Material dazu geeignet ist? Man baut eine Probe davon in die Prüfstrecke eines Stromkreises ein. Mit Hilfe eines Lämpchens oder eines Strommessers kann man dann sehen, ob das Material gut oder schlecht geeignet ist.
Die Versuche zeigen, dass Metalle und Graphit den Strom leiten. Solche Stoffe bezeichnet man als **Leiter**. Kupfer ist ein besonders guter Leiter. Deshalb verwendet man diesen Stoff auch häufig in Kabeln.
Bei genaueren Untersuchungen mit zusätzlichen Geräten haben die Physiker festgestellt, dass auch andere Stoffe wie Holz, Glas, Gummi, Porzellan, Pappe, Kunststoff oder Wolle den Strom leiten. Sie leiten den elektrischen Strom aber so schlecht, dass durch die Prüfstrecke aus Abb. ▶ 2 kein Strom nachzuweisen ist. Solche schlechten Leiter bezeichnet man als **Isolatoren**. Sie haben große Bedeutung in der Technik; z. B. sorgen Gummi- oder Kunststoffhüllen um die Kupferdrähte eines Kabels dafür, dass der elektrische Strom den vorgesehenen Weg beibehält und wir so beim Berühren keinen Schaden nehmen (Abb. ▶ 1). Auch der Kunststoff an den Werkzeugen des Elektrikers (Abb. ▶ 3) oder an Elektrogeräten verhindert dies.
Metalle sind gute elektrische Leiter. Porzellan, Glas, Gummi und viele Kunststoffe sind gute Isolatoren, sie sind sehr schlechte Leiter.

Wie gut ein Gegenstand leitet, hängt auch von seiner Form ab. So leiten kurze, dicke Drähte den elektrischen Strom besser als lange, dünne Drähte.

Flüssigkeiten und Gase als elektrische Leiter

Mit der Anordnung in Abb. ▶1 kann man überprüfen, wie gut Flüssigkeiten den elektrischen Strom leiten. Die Versuche ergeben, dass Leitungswasser, Säfte, Säuren und Laugen Leiter sind. Öl, Benzin und destilliertes Wasser (das ist besonders reines Wasser) leiten dagegen den elektrischen Strom nur schlecht.

Trockene Luft und andere Gase sind im Allgemeinen auch schlechte Leiter. Wäre Luft ein guter Leiter, so könnte man in vielen Fällen keine sinnvolle Schaltung aufbauen, da stets ein geschlossener Stromkreis vorläge. Unter bestimmten Bedingungen, wie bei der Leuchtstoffröhre oder beim Blitz im Gewitter, können Gase jedoch auch zu recht guten Leitern werden.

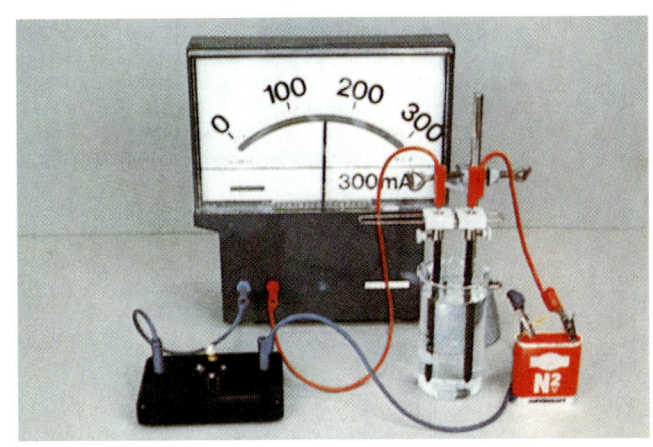

1 Leitet Wasser den Strom gut?

Elektrischer Strom beim Menschen

Versuche mit schwachen Batterien und empfindlichen Strommessgeräten zeigen, dass auch der menschliche Körper den elektrischen Strom leitet. Wenn die Nennspannung der Quelle größer als 24 V ist, kann der elektrische Strom lebensgefährlich sein.

Versuchsprotokolle

In der Physik werden Versuche in einem Versuchsprotokoll beschrieben. Ein vollständiges Protokoll besteht aus:

1. Fragestellung: Was soll untersucht werden?

2. Aufbau und Durchführung: Wie ist der Versuch aufgebaut (Skizze)? Welche einzelnen Schritte werden beim Versuch durchgeführt?

3. Beobachtung: Was stellt man bei den einzelnen Schritten fest? Hier wird nur notiert, was man bei der Durchführung des Versuchs wahrnimmt (sieht, fühlt, riecht …).

4. Auswertung und Ergebnis: Wie lassen sich die Beobachtungen erklären oder deuten? Welche Antwort ergibt sich auf die Ausgangsfrage?

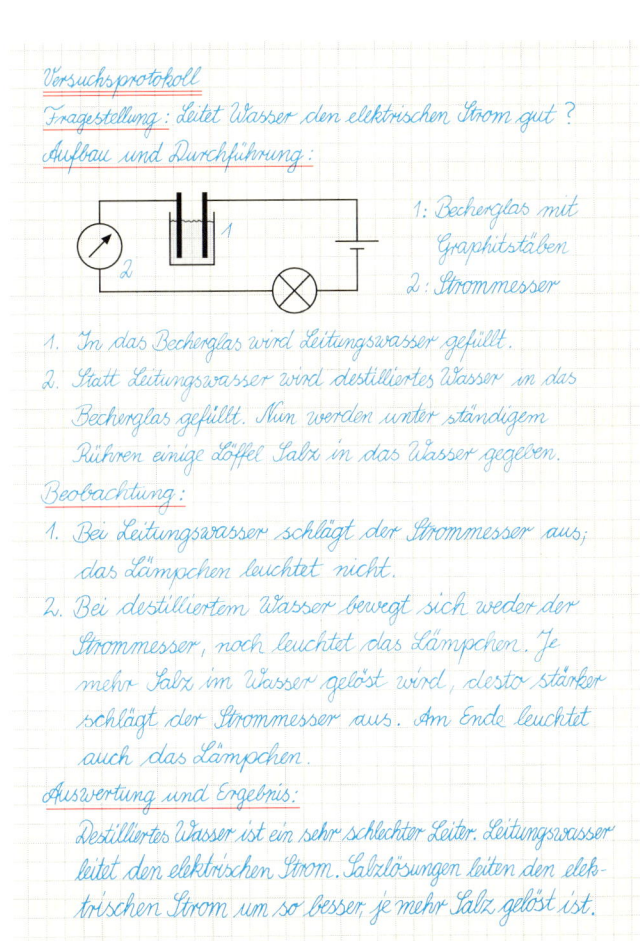

2 Beispiel für ein Versuchsprotokoll

Versuchsprotokoll

Fragestellung: Leitet Wasser den elektrischen Strom gut?

Aufbau und Durchführung:

1: Becherglas mit Graphitstäben
2: Strommesser

1. In das Becherglas wird Leitungswasser gefüllt.
2. Statt Leitungswasser wird destilliertes Wasser in das Becherglas gefüllt. Nun werden unter ständigem Rühren einige Löffel Salz in das Wasser gegeben.

Beobachtung:

1. Bei Leitungswasser schlägt der Strommesser aus; das Lämpchen leuchtet nicht.
2. Bei destilliertem Wasser bewegt sich weder der Strommesser, noch leuchtet das Lämpchen. Je mehr Salz im Wasser gelöst wird, desto stärker schlägt der Strommesser aus. Am Ende leuchtet auch das Lämpchen.

Auswertung und Ergebnis:

Destilliertes Wasser ist ein sehr schlechter Leiter. Leitungswasser leitet den elektrischen Strom. Salzlösungen leiten den elektrischen Strom um so besser, je mehr Salz gelöst ist.

UND- und ODER-Schaltungen

VERSUCHE

An einem Kostümfest dürfen nur verkleidete Schüler teilnehmen, die Eintritt bezahlt haben. Beim Eingang wird an einem Kontrollgerät mit einer Schalttafel (Abb. ▶1) entschieden, wer eintreten darf. Die folgenden Versuche zeigen dir, wie eine solche Denkschaltung funktioniert.

① Baue aus zwei Schaltern, einer Batterie, einem Lämpchen und Kabeln eine Schaltung auf, bei der die beiden Schalter und das Lämpchen im Stromkreis hintereinander liegen.
Das Lämpchen leuchtet nur, wenn der erste und der zweite Schalter geschlossen sind.

② Ändere die Schaltung so, dass die Schalter parallel zueinander angeordnet sind. Probiere aus, ob das Lämpchen leuchtet, wenn nur ein Schalter geschlossen ist.

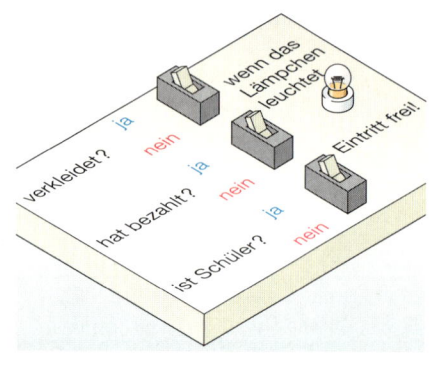

1 Eintritt frei? Das Lämpchen zeigt es!

③ Fertige eine Schaltskizze für das Kontrollgerät (Abb. ▶1) an. Welcher der beiden Schaltungen aus den Versuchen 1 und 2 ist sie ähnlich?

Praktische Schaltungen mit Schaltern

Bei elektrischen Pressen werden **Sicherheitsschaltungen** benutzt, die wie die Schaltung in Abb. ▶2a aufgebaut sind. Damit ein Arbeiter nicht in die laufende Maschine fassen kann, muss er mit jeder Hand einen Schalter betätigen. Die beiden Schalter liegen hintereinander, sie sind **in Reihe geschaltet**. Im Motor der Presse ist nur dann elektrischer Strom, wenn Schalter S_1 **und** S_2 geschlossen sind. Eine solche Schaltung heißt daher **UND-Schaltung**. Auch bei einer elektrischen Heckenschere sorgt eine solche UND-Schaltung dafür, dass zum Betreiben beide Hände gleichzeitig die Griffe anfassen müssen.
Bei einer UND-Schaltung liegen die Schalter in Reihe; hier müssen alle Schalter geschlossen sein, damit es zu einem elektrischen Strom kommt.

Bei einem Mehrfamilienhaus kann man die Wohnungsklingel mit einem Taster („Klingelknopf") sowohl an der Haus- als auch an der Wohnungstür betätigen. Dazu sind die Tastschalter wie in der Schaltung von Abb. ▶2b **parallel geschaltet**. Die Klingel ertönt, wenn mindestens einer der beiden Schalter, also S_1 **oder** S_2 oder auch beide, gedrückt werden. Wir sprechen daher von einer **ODER-Schaltung**. Eine solche ODER-Schaltung lässt im Auto die Innenraumlampe leuchten, wenn eine oder beide Vordertüren geöffnet sind.
Bei einer ODER-Schaltung liegen die Schalter parallel; damit es zu einem elektrischen Strom kommt, muss mindestens ein Schalter geschlossen sein.

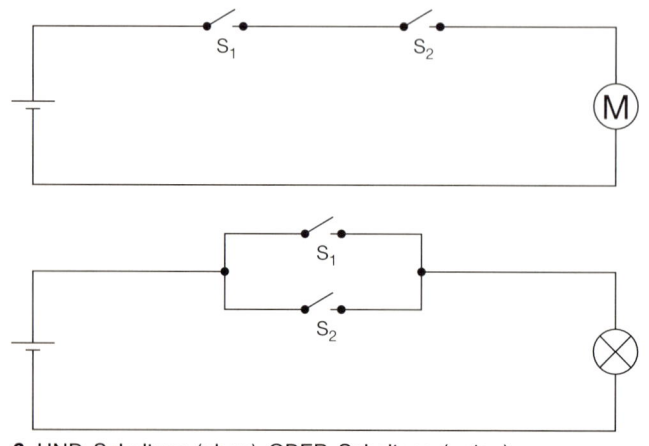

Schaltzeichen für einen Motor

2 UND-Schaltung (oben), ODER-Schaltung (unten)

Elektrische Stromkreise

VERSUCHE

Schaltungen mit Umschalter

Bei einer Fußgängerampel beobachtest du, dass die rote und grüne Lampe abwechselnd leuchten. Um eine solche Schaltung zu bauen, benötigst du einen Umschalter.

① Baue mit dem in Abb. ▶1 angefangenen Schaltungsaufbau eine handgesteuerte Ampelschaltung. Benutze dabei den beiliegenden Umschalter.

② Abb. ▶2 zeigt den Aufbau eines geöffneten Umschalters, wie er im Haushalt eingesetzt wird. Betätigt man den Schalter, dann wird das Mittelteil von rechts nach links verschoben. Erläutere, wie dieser Schalter in die Ampelschaltung von Versuch 1 eingesetzt werden muss.

③ Mit zwei Umschaltern kannst du eine Wechselschaltung (Abb. ▶3) erstellen. Probiere die vier möglichen Schalterstellungen aus. Notiere deine Beobachtungen in einer Tabelle.

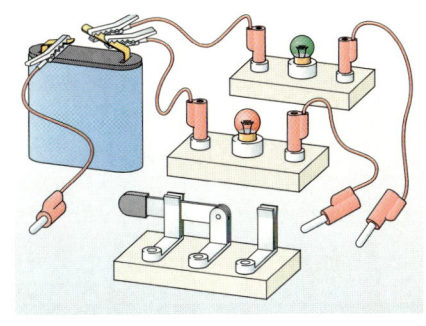

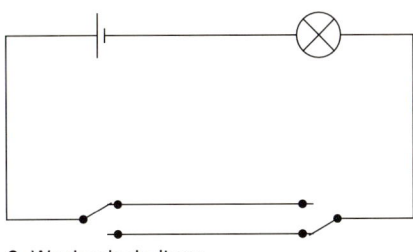

1 Ampelschaltung

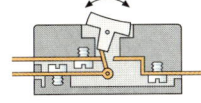

2 Umschalter

3 Wechselschaltung

Praktische Schaltungen mit Umschaltern

Will man zwei getrennte Stromkreise abwechselnd öffnen oder schließen, so benutzt man häufig einen **Umschalter**. Wenn er betätigt wird, bildet er mit dem gewünschten Gerät einen geschlossenen Stromkreis. Solche Schaltungen werden häufig eingesetzt:

An Kreuzungen steuern sie z. B. den Fahrradverkehr; beim Parkhaus zeigt eine Ampelanlage mit zwei Lampen an, ob es besetzt oder frei ist; im Wartezimmer eines Arztes fordert eine Lichtanlage den Patienten zum Warten oder Eintreten auf.

Umschalter können auch andere Aufgaben erfüllen. In großen Räumen oder Treppenhäusern ist es günstig, wenn man von zwei Stellen aus eine Lampe ein- oder ausschalten kann. Dazu benutzt man häufig eine **Wechselschaltung** (Abb. ▶4). In ihr sind zwei Umschalter durch zwei Leitungen miteinander verbunden.
Die Abb. ▶5 zeigt: Die Lampe wechselt von „Ein" nach „Aus" oder umgekehrt, wenn einer der beiden Umschalter — gleichgültig welcher — betätigt wird. Dies gilt bei jeder der 4 möglichen Schalterstellungen.
<u>Mit einer Wechselschaltung kann man einen Stromkreis von zwei Stellen aus öffnen und schließen.</u>

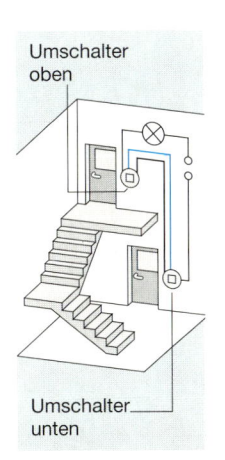

4 Treppenhausbeleuchtung

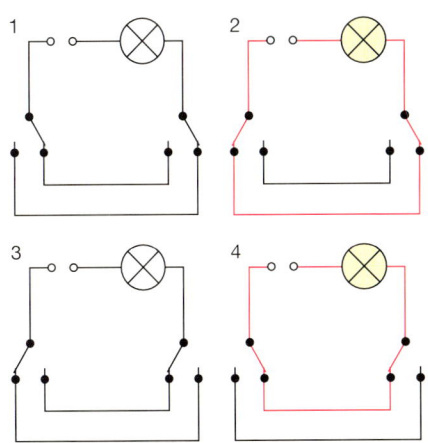

5 Die 4 möglichen Schalterstellungen bei der Wechselschaltung

Elektrische Stromkreise

Reihen- und Parallelschaltung

VERSUCHE

In der Wohnung findest du immer wieder elektrische Geräte in Betrieb. Mal sind sie einzeln, mal mehrere gleichzeitig angeschlossen. Welche Schaltungen sind hier möglich?

① Verbinde zunächst zwei, dann drei Lämpchen in Fassung hintereinander mit einer 4,5 V-Batterie zu einem Stromkreis. Bei der Anordnung mit zwei Lämpchen leuchtet jedes heller als bei der mit drei. Nimmst du eine 9 V-Batterie, leuchten auch die drei Lämpchen hell. Drehst du ein Birnchen heraus, erlöschen auch die anderen.

② Baue einen Stromkreis mit einem Lämpchen in Fassung und einer Batterie. Schalte dann ein zweites und drittes mit eigenem Stromkreis an die Batterie an. In allen Fällen leuchten die Lämpchen annähernd gleich hell. Wenn du ein Lämpchen aus der Fassung drehst, leuchten die anderen weiterhin.

Reihenschaltung

In Abb. ▶ 2a sind drei Lämpchen im gleichen Stromkreis nacheinander angeordnet. Eine solche Schaltung bezeichnet man als eine Reihenschaltung. Ist ein Lämpchen defekt oder aus der Fassung gedreht, ist der Stromkreis unterbrochen und es leuchtet kein Lämpchen mehr. Damit alle Lämpchen hell leuchten, muss die Batteriespannung ungefähr so groß sein wie die Summe der Nennspannungen der Lämpchen. Bei der Lichterkette (Abb. ▶ 1) sind zehn 20 V-Christbaumkerzen in Reihe geschaltet. Sie werden mit der Steckdose (230 V) betrieben.
Bei der Reihenschaltung liegen alle Geräte in einem einzigen Stromkreis. Schaltet man eines dieser Geräte aus, wird der Stromkreis unterbrochen.

1 Lichterkette

Parallelschaltung

In Abb. ▶ 2b befindet sich jedes Lämpchen in einem eigenen Stromkreis. Sie sind voneinander unabhängig. Die Stromkreise liegen nebeneinander. Deshalb spricht man hier von einer Parallelschaltung. Ihr Vorteil ist, dass die Geräte unabhängig voneinander ein- und ausgeschaltet werden können. Deshalb findet sie im Haus bei Lampen und Steckdosen Anwendung.
Nachteilig wirkt sich der größere Kabelverbrauch aus. Um zu sparen, vereinigt man die Stromkreise soweit, dass nur die Geräte parallel zueinander geschaltet sind. (Abb. ▶ 2c).
Bei der Parallelschaltung hat jedes Gerät seinen eigenen Stromkreis. Jedes Gerät kann unabhängig von den anderen ein- und ausgeschaltet werden.

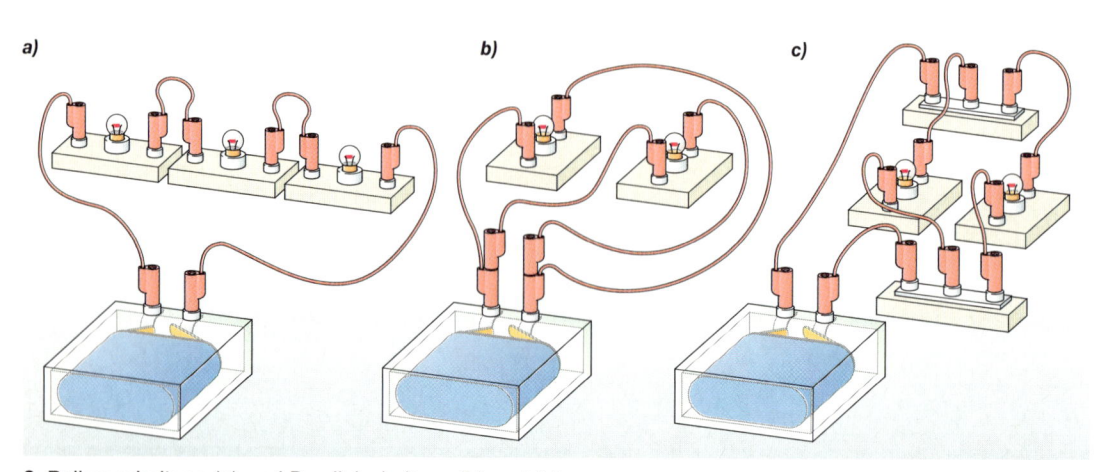

2 Reihenschaltung (a) und Parallelschaltung (b) und (c)

38 Elektrische Stromkreise

VERSUCHE

Trickreiche Schaltungen

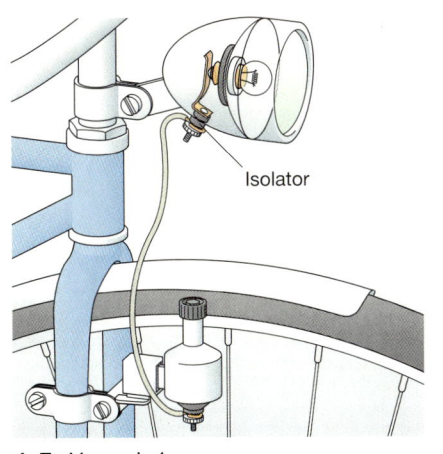

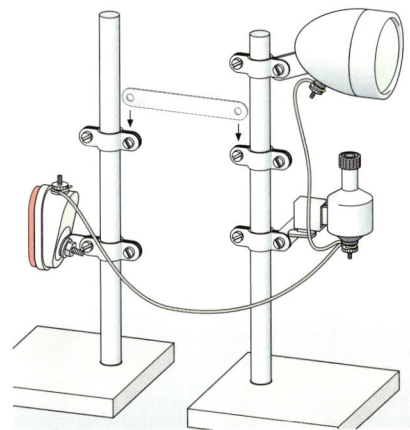

1 Zu Versuch 1

Isolator

2 Modell einer Fahrradbeleuchtung

—(G)—

Schaltzeichen für einen Generator (Dynamo)

Bei einem geschlossenen Stromkreis gibt es stets zwei leitende Verbindungen zwischen Quelle und Gerät. Beim Fahrrad scheint dies nicht zu gelten. Nur ein einziges Kabel führt vom Dynamo zum Scheinwerfer bzw. zum Rücklicht. Wieso funktioniert es trotzdem?

① Schraube den Scheinwerfer von der Halterung ab, ohne die Kabelverbindung zum Dynamo abzutrennen. Drehe kräftig an dem Antriebsrad des Dynamos (Abb. ▶ 1). Der Scheinwerfer leuchtet nicht.

② Halte die Lampe an verschiedene Teile des Fahrrades und drehe am Antriebsrad. Das Lämpchen leuchtet, wenn das abgetrennte Scheinwerfergehäuse eine blanke Stelle am Fahrrad berührt.

③ Versuche die Lampe mit einem zweiten Kabel wieder zum Leuchten zu bringen. Probiere dazu verschiedene Anschlüsse aus.

④ Abb. ▶ 2 zeigt das Modell einer Fahrradbeleuchtung. Wenn wir kräftig an dem Antriebsrad des Dynamos drehen, dann leuchtet der Scheinwerfer, nicht aber das Rücklicht. Umgekehrt scheint nur das Rücklicht, wenn der Dynamo an der Stange mit dem Rücklicht sitzt. Verbinden wir die Stativstangen des Modells durch eine Querstange, so leuchten beim Drehen am Dynamo beide Lämpchen.

⑤ Schaue beim Auto unter die Motorhaube. Auf welche Weise werden hier elektrische Leitungen eingespart?

Die Fahrradbeleuchtung

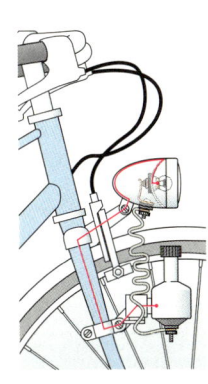

Bei der Fahrradbeleuchtung führt nur ein Leitungskabel vom Dynamo zum Scheinwerfer. Die zweite leitende Verbindung zwischen Dynamo und Scheinwerfer wird durch den Fahrradrahmen, das Schutzblech oder andere Metallteile gebildet. Manchmal gibt es keinen Kontakt zwischen diesen Teilen, z. B. wenn sich Rost zwischen ihnen gebildet hat; in diesem Fall ist der Stromkreis unterbrochen und der Scheinwerfer kann nicht leuchten.

Eingesparte Leitungen

Wie beim Fahrrad wird auch bei vielen anderen technischen Geräten eine der beiden Leitungen eingespart. Dadurch werden Lohn- und Materialkosten gesenkt und das Leitungsnetz übersichtlich gestaltet. So ist der Motor einer E-Lok einerseits über die Oberleitung, andererseits über die Räder und Schienen mit der elektrischen Quelle verbunden. Beim Auto ist es die Blechkarosserie, die eine der beiden Leitungen ersetzt.

Elektrische Stromkreise

AUFGABEN

1. Beispiel
Richtiger Anschluss eines Lämpchens

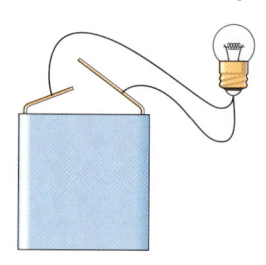

1

In Abb. ▶ 1 liegt ein „geschlossener Stromkreis" vor. Trotzdem leuchtet das Lämpchen nicht. Gib eine Erklärung dafür. Wie muss man richtig schalten?

Lösung:
Nur eine der Anschlussstellen, der Fußkontakt des Lämpchens, ist mit den beiden Anschlussstellen der Batterie verbunden. Der Stromweg geht nicht durch das Gerät, sondern unmittelbar von einem zum anderen Pol der Batterie. Daher leuchtet das Lämpchen nicht.
Bei einer richtigen Schaltung muss je ein Pol der Batterie mit je einer Anschlussstelle des Lämpchens (Fußpunkt, Gewinde) leitend verbunden sein.

Hinweis: Die Batterie wird so schnell leer.

2. Beispiel
Zusammengesetzte Schaltung mit Lämpchen

Drei Lämpchen in Fassung sind so an eine Batterie geschaltet, dass zwei parallel und das dritte dazu in Reihe ist.
Zeichne einen Schaltplan. Welches Lämpchen kann man aus der Fassung schrauben, ohne dass die anderen erlöschen?

Lösung:
Eines der beiden parallel geschalteten Lämpchen L_1, L_2 kann man aus der Fassung drehen, da dann für die beiden anderen immer noch ein geschlossener Stromkreis vorliegt. Wird dagegen L_3 losgeschraubt, so ist der Stromkreis unterbrochen.

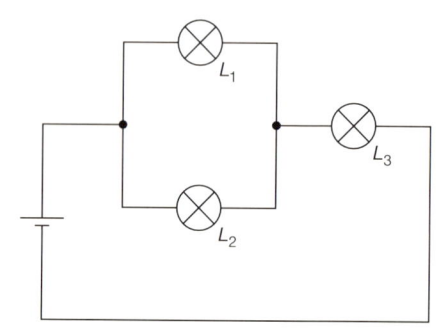

Heimversuche und Erkundungen

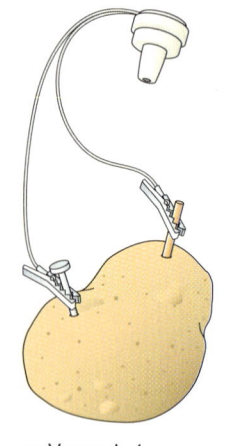

zu Versuch 1

1 Die Kartoffelbatterie

Erforderliches Material:
1 Kartoffel
2 Eisennägel
2 kurze Stücke dicken Kupferdrahtes
1 kleiner Kopfhörer

Stecke in die Kartoffel einen Eisennagel und ein blankes Stück Kupferdraht. Lausche am Kopfhörer, wenn du ihn an diese Pole der Kartoffelbatterie anschließt. Schließe und unterbrich den Stromkreis mehrmals. Wann hörst du ein Knacken im Kopfhörer? Führe den Versuch auch mit zwei Eisennägeln oder 2 Kupferdrahtstücken durch.

2 Nennspannungen einiger Elektrogeräte

Erkundige dich nach der Nennspannung von elektrischen Quellen und elektrischen Geräten.
a) Quellen: Knopfzelle (z. B. im Fotoapparat), Autobatterie, Trafo für Modelleisenbahn und Steckdose für Haushaltsstrom bzw. Drehstrom.
b) Geräte: Glühlämpchen in Stablampe (Taschenlampe), im Rücklicht, im Diaprojektor bzw. in der Deckenleuchte, Türgong und Elektroherd.

3 Bau einer Denkschaltung

Erforderliches Material:
3 Druckschalter o. Ä.
1 4,5 V-Lämpchen in Fassung
1 4,5 V-Batterie, 1 m Leitungskabel

Zu einer Party darf nur, wer sowohl eine CD (Schallplatte) als auch eine Flasche Limonade oder eine Tüte Knabbergebäck mitbringt.
Baue mit dem angegebenen Material auf dem Grundbrett eine Schaltung auf, mit der die Teilnehmer kontrolliert werden können. Zeichne zuvor einen Schaltplan.
Du kannst die Denkschaltung auch übersichtlich auf einem Brett montieren.

40 Elektrische Stromkreise

4 Modell einer Ampelanlage

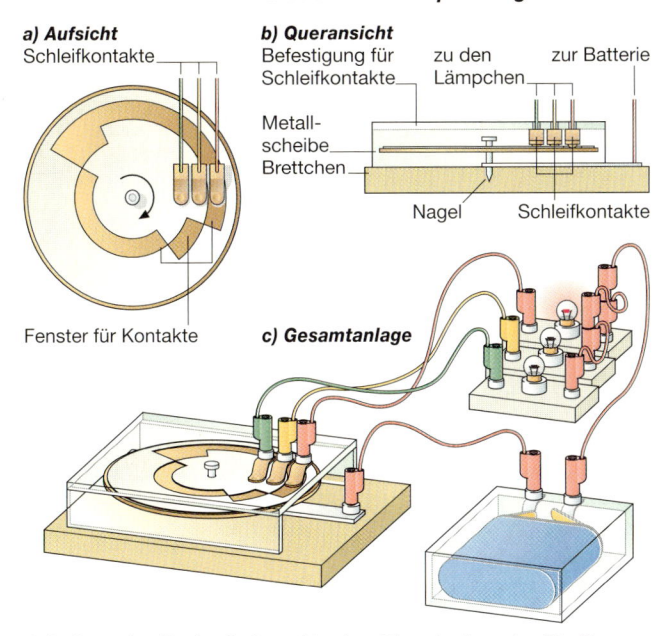

a) Aufsicht
Schleifkontakte
Fenster für Kontakte

b) Queransicht
Befestigung für Schleifkontakte
zu den Lämpchen
zur Batterie
Metallscheibe
Brettchen
Nagel
Schleifkontakte

c) Gesamtanlage

1 Aufbau des Drehschalters für eine Signalanlage im Straßenverkehr

Abb. ▶ 1 zeigt das Modell einer Verkehrsampel. Erforderliches Material:
1 Metallscheibe, z. B. Deckel einer Dose
1 dünner Karton, 1 Nagel, 1 Brett,
3 Lämpchen, 1 Batterie und Kabelstücke.

Kernstück der Anlage ist der Drehschalter (Abb. ▶ 1a), den du von Hand betätigen musst, um die drei Ampellämpchen zum Leuchten zu bringen. Um ihn herzustellen, wird in der Mitte der Metallscheibe mit dem Nagel ein Loch gebohrt. Auf ihrer Oberseite wird dann die Pappscheibe mit den Fenstern entsprechend der Abb. ▶ 1a aufgeklebt. Anschließend wird sie auf dem Grundbrett befestigt. Zuvor hat man den Nagel mehrfach mit einem blanken Kabelende (eine Zuleitung zur Batterie) umwickelt. Nun befestigt man an einer Halterung entsprechend Abb. ▶ 1b drei unten blanke Litzen (Kabel) als Schleifkontakte über der Scheibe. Der übrige Aufbau ist aus Abb. ▶ 1c zu ersehen.
Erläutere anhand der Abbildung die Funktionsweise der Schaltung. Wann leuchten die einzelnen Lampen?

Fragen

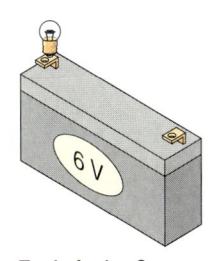

Zu Aufgabe 2

Zu Aufgabe 5

Zum Anschließen von elektrischen Geräten

① Schildere, was in deiner Stadt passieren könnte, wenn der elektrische Strom für längere Zeit ausfällt. Auf welche elektrischen Geräte müsstest du verzichten? Welche könntest du durch andere, nicht elektrische ersetzen? Was könnte im Straßenverkehr, was in den Geschäften passieren?

② Das Lämpchen links in der Abbildung soll leuchten. Lege eine Zeichnung an!

③ Nenne elektrische Geräte bei dir zu Hause. Mit welcher elektrischen Quelle werden sie jeweils betrieben?

④ Ab welcher Nennspannung können elektrische Quellen lebensgefährlich sein? Bei welchen elektrischen Quellen bei dir zu Hause darfst du die Pole deswegen nicht berühren?

⑤ Betrachte die Nennspannung der links abgebildeten Glühlampen. Ordne ihnen eine passende elektrische Quelle zu.

⑥ Bei einigen elektrischen Geräten kann man wählen, ob man sie zum Betrieb an eine Steckdose anschließt oder ob man sie mit Batterien betreibt. Welchen Vorteil hat das?

Zum Ein- und Ausschalten von elektrischen Geräten

⑦ Zeichne den Schaltplan eines Stromkreises mit zwei hintereinander angeordneten Lämpchen.

⑧ In manchen Geschäften öffnet sich die Türe automatisch, wenn du durch eine Lichtschranke gehst. Welchen Zweck hat hier die Lichtschranke?

⑨ Elektromeister Blitz regt sich auf: Da hat doch jemand tatsächlich einen Stellschalter in die Klingelanlage eingebaut! Was meinst du dazu?

⑩ Manche Taschenlampen haben einen Stell- und einen Tastschalter. Warum?

⑪ Karl meint, die zweite Zuleitung im Stromkreis sei überflüssig. Es genüge, dass der Strom zum Gerät hinkomme. Was meinst du dazu?

⑫ Angenommen: Obwohl du den Schalter betätigst, leuchtet die Zimmerlampe nicht. Woran könnte das liegen? Nenne mehrere Möglichkeiten! Wo ist der Stromkreis jeweils unterbrochen?

⑬ Schließe einen kleinen Elektromotor an eine Batterie an. Überprüfe damit, ob der elektrische Strom eine Richtung hat.

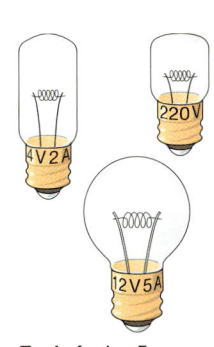

Elektrische Stromkreise

Zu guten und schlechten Leitern

⑭ Weshalb sind im Haushalt alle Schalter und Steckdosen mit einem Gehäuse aus Kunststoff versehen?

⑮ Kann man einen Schalter nur aus Metallen bauen?

⑯ Gold und Silber sind besonders gute Leiter. Wieso benutzt man sie nicht für die Elektroinstallation in Gebäuden?

⑰ Hochspannungsleitungen:
a) Wieso kommt man bei Hochspannungsleitungen ohne Isolierung aus?
b) Wie müssen sie angebracht werden, damit sie sich bei Sturm nicht berühren?
c) Wie erreicht man, dass sie keinen Kontakt zu den Masten haben?
d) Wenn man im Winter bei überfrierender Nässe oder Schnee in die Nähe von Hochspannungsleitungen kommt, hört man oft ein Knistern. Was könnte da passieren?

⑱ Weshalb sind nasse Hände beim Umgang mit elektrischem Strom so gefährlich?

⑲ Warum sind die Schalter und Steckdosen im Keller oder in der Waschküche besonders gut isoliert?

Zur UND- und ODER-Schaltung

⑳ Bei welchen Stellungen der Schalter S_1, S_2 und S_3 in der unteren Schaltskizze leuchtet das Lämpchen? Welche Fälle können vorkommen? Leg dazu eine Tabelle an!

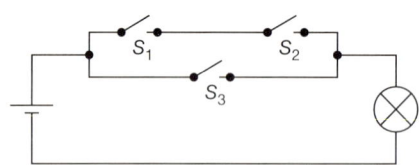

㉑ Eine Waschmaschine arbeitet noch nicht, wenn man den Programmschalter und die Einschalttaste gewählt hat. Man muss außerdem die Waschtrommel schließen und das Wasser aufdrehen. Dabei wird jeweils ein Schalter geschlossen. Wie sind sie angeordnet? — Begründe deine Antwort.

㉒ Gib den Plan zu folgender Denkschaltung an: Im Hotel Rosa kann man nur mit Bargeld, Euroscheck und Scheckkarte oder mit einer Kreditkarte bezahlen. Darf jemand dort wohnen, der einen Euroscheck, aber keine Scheckkarte, kein Bargeld und keine Kreditkarte bei sich hat?

Zu Schaltungen mit Umschalter

㉓ Mit einem Umbau der Klingelanlage (Umschalter, Lämpchen und Kabel) möchte Herr Sanft verhindern, dass das Baby abends durch die Türglocke geweckt wird. Wie könnte der Schaltplan aussehen, wenn jetzt abends beim Betätigen der Klingel nur das Lämpchen aufleuchtet?

㉔ Bei welchen Schalterstellungen (oben, unten) der drei Umschalter in der folgenden Abbildung leuchten die Lampen L_1 bzw. L_2?

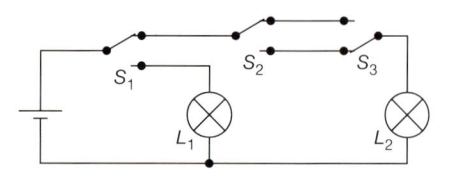

Zur Reihen- und Parallelschaltung

㉕ Warum sind im Haushalt die elektrischen Geräte parallel und nicht in Reihe geschaltet?

㉖ In der Abbildung am Rand sind zwei Lämpchen so mit einer Batterie verbunden, dass sie leuchten. Was für eine Schaltung liegt vor? Zeichne eine Schaltskizze.

㉗ An eine Batterie sind drei Lämpchen so angeschlossen, dass zwei in Reihe geschaltete zu einem dritten parallel angeordnet sind. Fertige eine Schaltskizze an. Welche Lampe kann man aus der Fassung drehen, ohne dass die anderen erlöschen?

Zu trickreichen Schaltungen

㉘ Zeichne eine Schaltskizze von der Beleuchtungsanlage des Fahrrads.

㉙ Das Gehäuse mancher Fahrradscheinwerfer besteht aus Kunststoff. Wie stellt man die zweite leitende Verbindung her?

㉚ In manchen Städten gibt es Busse mit Elektromotor. Sie erhalten den Strom im Gegensatz zur Straßenbahn aus zwei Oberleitungen. Warum reicht hier eine Oberleitung nicht aus?

㉛ Erläutere den Stromkreis bei einer Stabtaschenlampe (s. Abb. am Rand). Welche Rolle spielt dabei das Gehäuse?

㉜ Untersuche eine Modelleisenbahn. Beschreibe den Stromkreis.
Zwei Züge fahren gleichzeitig auf einem Gleis. Welche Schaltung liegt vor?

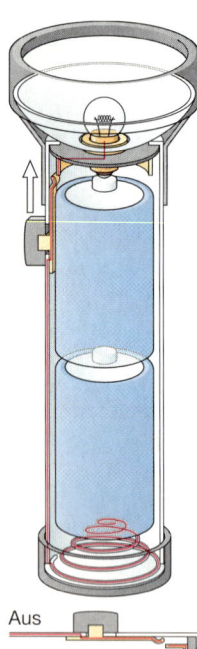

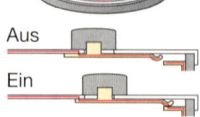

Wirkungen des Stromes

Unsichtbare Elektrizität

Beim Gewitter lassen sich Blitz und Donner weder übersehen, noch überhören.
Auf dem Schrottplatz heben Elektrokräne schwere Eisenteile oder lassen sie fallen.
Beim Betrieb von Elektrogeräten, wie z. B. der Waschmaschine, dreht sich die Trommel, das Waschwasser wird auf eine bestimmte, von außen einstellbare Temperatur erwärmt und eine Pumpe befördert das Schmutzwasser in den Abfluss.
All diese und viele andere Erscheinungen führen wir auf das Vorhandensein eines elektrischen Stromes zurück, obwohl wir diesen selbst nicht sehen können.
Nur seine Wirkungen können wir mit unseren Sinnesorganen wahrnehmen, z. B. in der Form von Licht, Wärme, Schall oder Bewegung.

VERSUCHE

Dauer- und Elektromagnete

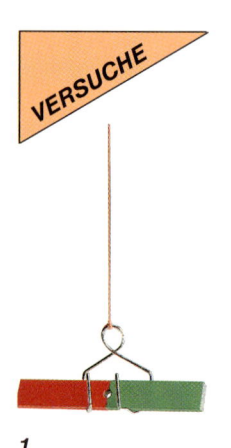

In deiner Umgebung findest du häufig Magnete, mal sind es Dauer-, mal Elektromagnete. Wie sind sie aufgebaut? Worin unterscheiden sie sich?

① Vergleiche folgende Versuche:
a) Lege einen Stabmagnet in eine Schachtel mit Nägeln und hebe ihn hoch.
b) Verbinde die Pole einer Batterie mit den Enden einer Spule von etwa 500 Windungen. Lege die Spule auch in die Schachtel und hebe sie hoch. Wiederhole den Versuch bei unterbrochenem Stromkreis.
Der Stabmagnet und die Spule mit Strom ziehen besonders an den Enden Eisennägel an.

② Schiebe einen passenden Eisenkern in die Spule von Versuch 1 b), schließe sie an einen regelbaren Trafo an und wiederhole den Teilversuch mit unterschiedlichen Strömen. Nimm auch Spulen mit 250 oder 1000 Windungen.
Mit Eisenkern ist die Kraft größer, ebenso bei größerer Windungszahl oder stärkerem Strom.

③ Hänge einen Stabmagnet horizontal und frei drehbar auf (Abb. ▶ 1). Beobachte seine Ruhelage. Stoße ihn erneut an und warte auf seine Ruhestellung.
Ersetze den Stabmagnet durch eine Spule, in der Strom ist und wiederhole den Versuch.

1

Magnete

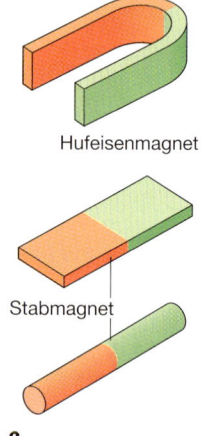

Dauermagnete bestehen aus Eisen (Stahl), häufig auch aus Nickel, Kobalt oder besonderen Eisenverbindungen. Sie werden heute meist künstlich hergestellt. Je nach dem Zweck, für den sie eingesetzt werden, besitzen sie unterschiedliche Formen (Abb. ▶ 2).
Ist in einer Spule Strom, so wirkt sie wie ein Stabmagnet. Die Magnetkraft eines solchen **Elektromagnets** lässt sich ändern: Sie wird größer, wenn man den Strom in der Spule erhöht oder ihre Windungszahl vergrößert. Man kann sie erheblich vergrößern, wenn man in die Spule einen Eisenkern einführt (Abb. ▶ 3). Im Gegensatz zum Dauermagnet kann man den Elektromagnet auch ausschalten, indem man den Stromkreis unterbricht.

Magnetpole

Die magnetischen Kräfte von Stab- oder Elektromagneten sind an einigen ihrer Stellen größer als an anderen (Abb. ▶ 4). Die Bereiche mit der stärksten Anziehung nennt man **Pole** des Magnets. Jeder Magnet hat zwei Pole. Hängt man einen Stabmagnet oder eine Spule mit Strom frei beweglich auf, so stellen sie sich nach einigen Schwingungen stets so ein, dass immer das gleiche Ende nach Norden bzw. nach Süden zeigt. Daraus folgt, dass die Pole eines Magnets verschieden sind. Der nach Norden weisende Pol wird **Nordpol**, der andere **Südpol** genannt.
Jeder Magnet hat einen Nord- und einen Südpol. Dort sind die magnetischen Kräfte am größten.

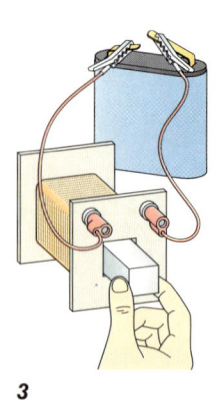

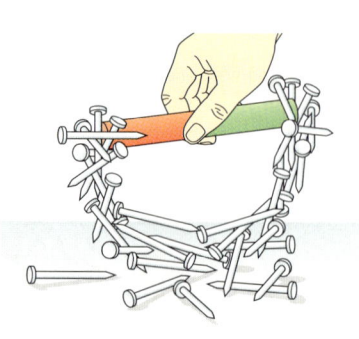

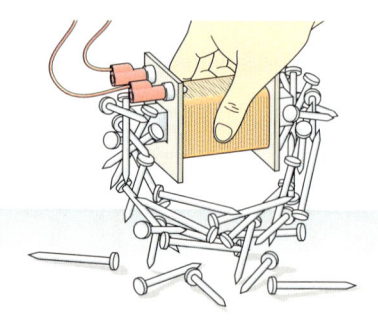

Hufeisenmagnet

Stabmagnet

2

3

4 Stab- und Elektromagnet wirken ähnlich, an den Enden ist die Anziehung am größten.

44 Wirkungen des Stromes

Magnete und ihre Wirkungen

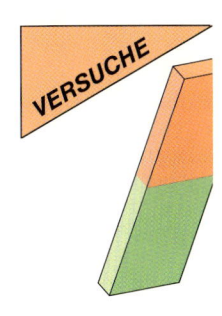

VERSUCHE

Bei den folgenden Experimenten kannst du dich davon überzeugen, dass Magnetismus eine Naturerscheinung und keine Zauberei ist.

① Lege einen Stabmagnet auf mehrere runde Bleistifte (Abb. ▶ 2). Nähere ihm zuerst den einen, dann den zweiten Pol eines weiteren Stabmagnetes. Lege statt des Magnets einen Eisenstab auf die Rollen.
Die Pole der Magnete können sich anziehen oder abstoßen. Dagegen ziehen sich Eisenstab und Magnet stets an.

② Wiederhole Versuch 1 mit einem Elektromagnet als zweiten Magnet. Vertausche auch die elektrischen Anschlüsse.

③ Prüfe die Wirkung eines Magnets auf verschiedene Gegenstände aus unterschiedlichen Metallen und anderen Stoffen (Abb. ▶ 1).
Nur Gegenstände, die Eisen, Nickel oder Kobalt enthalten, werden angezogen.

④ Prüfe die Kraftwirkung eines Magnets auf einen Nagel, wenn zwischen ihnen verschiedene Stoffe wie Pappe, Holz, Eisen, Glas, Kupfer, Wasser usw. sind.
Bei Eisen wird der Nagel nicht mehr angezogen.

⑤ Bestreiche einen Stahlnagel mehrmals von einem Ende zum anderen mit einem Magnetpol. Zeige, dass der Nagel ein Dauermagnet geworden ist.

1 Zu Versuch 3

Kräfte zwischen Magnetpolen

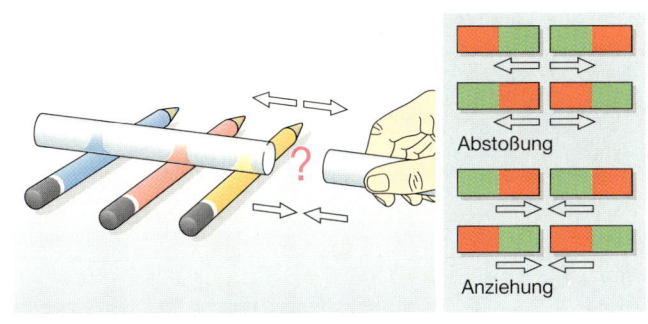

2 Anziehung und Abstoßung von Magneten

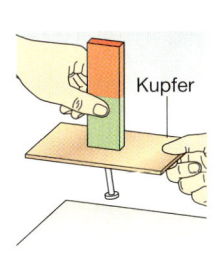

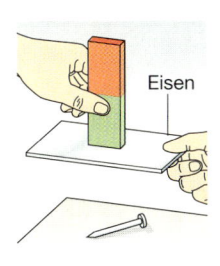

Bringt man die Pole von verschiedenen Magneten zusammen (Abb. ▶ 2), so kommt es zur gegenseitigen Anziehung oder Abstoßung. Stehen sich zwei Süd- oder zwei Nordpole gegenüber, so stoßen sich die Magnete ab. Treffen dagegen ein Süd- und ein Nordpol aufeinander, so ziehen sie sich an. **Gleichnamige Pole stoßen einander ab, ungleichnamige ziehen sich an.**

Wenn man einen Magnet und einen Gegenstand aus Eisen zusammenbringt, so wirken die Pole des Magnets stets anziehend.
Vertauscht man bei einem Elektromagneten die Anschlüsse an der elektrischen Quelle, so vertauschen sich auch die Magnetpole. Der Dauermagnet kann nicht so einfach umgepolt werden. Deshalb kann man die Pole auch beschriften oder farbig markieren:
Rot für Nordpol, Grün für Südpol.

Magnetisierbare Stoffe

Mit einem Magnet kann man auf beliebig geformte Körper aus Eisen, Nickel oder Kobalt Kräfte ausüben. Man nennt die Metalle Eisen, Nickel und Kobalt **magnetisierbare Stoffe**.
Ein Magnet wirkt nur auf Körper aus magnetisierbaren Stoffen.

Die Kraftwirkung eines Magnets zeigt sich bereits, wenn ein magnetisierbarer Körper in die Nähe des Magnets gelangt, ohne ihn zu berühren. Die magnetische Wirkung durchdringt auch die meisten Gegenstände und Stoffe ungehindert. Nur Körper aus magnetisierbaren Stoffen verändern die Wirkung eines Magnets im Raum hinter ihnen. Die magnetische Kraft kann dort sogar fehlen!
Manche Körper, wie z. B. solche aus Stahl, die eine besondere Eisensorte enthalten, werden selbst zu Dauermagneten, wenn man sie in die Nähe eines vorhandenen Magnets bringt.

Wirkungen des Stromes

Magnete im Alltag

1 Der Strom einer Flachbatterie reicht aus, um ein Kind mit Magnetkraft zu halten.

Der Elektrokran
Um schwere Eisenteile zu heben, werden auf dem Schrottplatz oder an Be- und Entladestationen häufig Elektrokräne eingesetzt.
Es handelt sich um Elektromagnete. Sie können schon bei schwachen Strömen starke Hebekräfte erzeugen (Abb. ▶ 1).

Die elektrische Klingel
Nach Betätigung des Tasters ist in den Spulen der elektrischen Klingel (Abb. ▶ 2) Strom. Daher zieht der Eisenkern des Magnets den Anker mit dem Klöppel an und schlägt gegen die Glockenschale. Gleichzeitig wird durch die Bewegung der Stromkreis an der Stellschraube unterbrochen. Der ausgeschaltete Elektromagnet kann den Anker nicht mehr halten, die Feder bringt ihn in seine alte Lage. Sobald er die Stellschraube erneut berührt, ist der Stromkreis wieder geschlossen und der Vorgang beginnt von vorn. Auf diese Weise kann der Klöppel ständig gegen die Glocke schlagen.

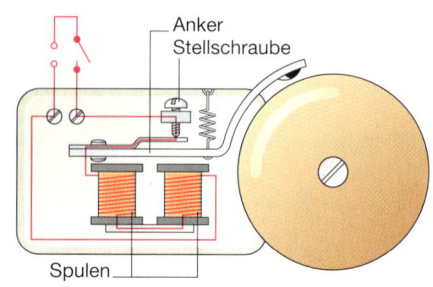

2 Elektrische Klingel

Die Erde – ein großer, aber nicht allzu starker Magnet

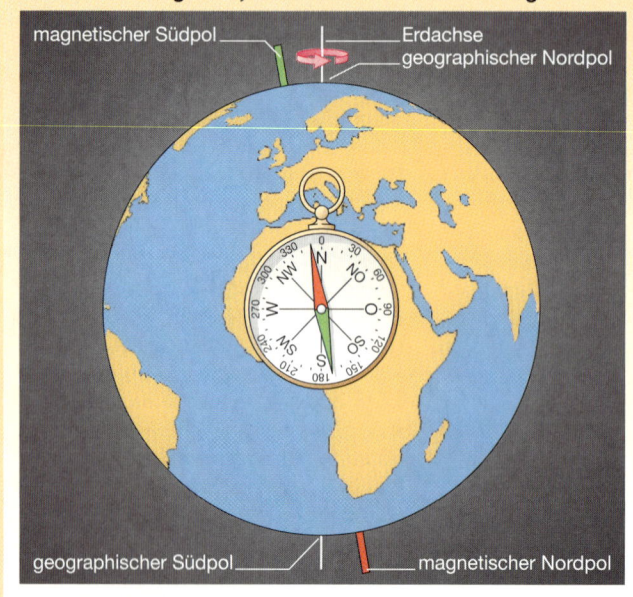

Schon im Altertum war den Seefahrern bekannt, dass schwimmende Brettchen, auf denen ein Magnetstein liegt, sich in Nord-Süd-Richtung einstellen. Dies zeigt, dass die Erde ein großer, nicht allzu starker Magnet ist. Da der Nordpol eines frei beweglichen Magneten nach Norden zeigt, liegt am geographischen Nordpol ein magnetischer Südpol und umgekehrt. Auch heute nutzt man beim **Kompass** die magnetischen Eigenschaften der Erde zur Richtungsbestimmung aus. In seinem Gehäuse befindet sich eine drehbar gelagerte Magnetnadel über einer **Windrose**. Das ist eine runde Skala, die die Himmelsrichtungen anzeigt. Da die Magnetpole der Erde etwas von den geographischen Polen entfernt liegen, weist die Magnetnadel nicht genau nach Norden. Diese Abweichung wird auf dem Kompass durch einen kleinen Pfeil angegeben. Norden liegt rechts von der Nadelspitze.

Wärme- und Lichtwirkung des elektrischen Stromes

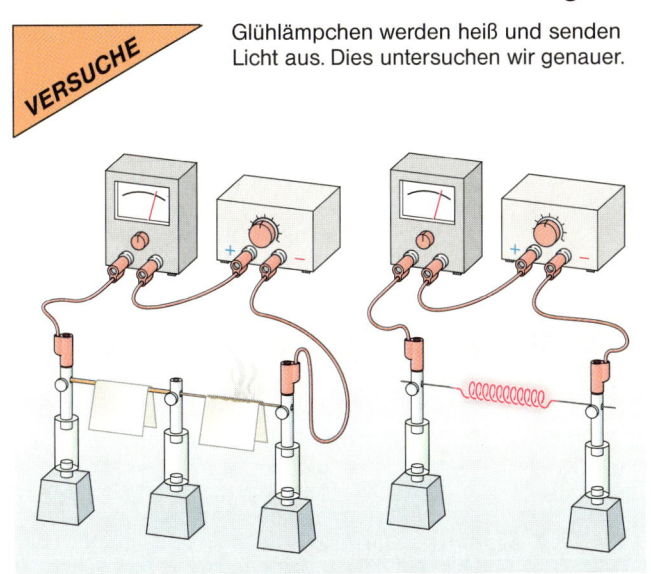

VERSUCHE

Glühlämpchen werden heiß und senden Licht aus. Dies untersuchen wir genauer.

① In einem Stromkreis sind ein dünner und ein dicker Konstantandraht in Reihe geschaltet. Auf den Drähten sitzen Papierfähnchen. Der dünne Draht glüht, so dass das Papier auf ihm verkohlt.

② Schaltet man gleich lange und gleich dicke Drähte aus Kupfer und Eisen in Reihe, so verkohlt das Papierfähnchen auf dem Eisendraht.

③ Wenn wir im Versuch 1 einen stärkeren elektrischen Strom verwenden, verkohlt auch das Papier auf dem dickeren Draht.

④ Wir schließen einen Konstantandraht langgestreckt an eine elektrische Quelle an. Er wird warm, glüht aber nicht. Dann wickeln wir ihn um einen Bleistift zu einer Wendel. Wenn wir ihn jetzt anschließen, glüht er.

Temperaturerhöhung durch elektrischen Strom

Der elektrische Strom hat eine Wärmewirkung. Die Temperaturerhöhung des Leiters hängt dabei von verschiedenen Einflüssen ab:
Der gleiche Strom erhitzt einen dünnen Leiter stärker als einen dicken aus dem gleichen Material. Je stärker der elektrische Strom ist, desto größer ist die Temperaturerhöhung. Verwendet man ein anderes Material für den Leiter, so ergibt der gleiche Strom eine andere Temperaturerhöhung.
Der elektrische Strom bewirkt eine Temperaturerhöhung des Leiters. Sie hängt vom Material und der Dicke des Leiters und von der Stärke des elektrischen Stromes ab.

Wenn man einen Draht aufwickelt, wird er heißer und glüht deutlich heller als der gestreckte Draht. Die einzelnen Windungen der Wendel heizen sich gegenseitig auf und werden von der Luft nicht so gut gekühlt wie der gestreckte Draht. Deshalb kann die Wendel auch leichter verbrennen oder schmelzen. Durch die Wärmewirkung des elektrischen Stromes wird die Wendel in einer Glühlampe so heiß, dass sie Licht aussendet.

Bei vielen Geräten im Haushalt, z. B. beim Bügeleisen und beim Elektroherd, nutzt man die Wärmewirkung des elektrischen Stromes. Die Zuleitungen in den Wänden und in den Anschlusskabeln sollen sich aber kaum erwärmen. Deshalb fertigt man sie aus Kupferdrähten, die wesentlich dicker sind als die Heizwendeln in diesen Geräten.

1 Haushaltsgeräte mit Heizspiralen
 — Bügeleisen
 — Kochplatte

2 Die Doppelwendel aus Wolfram in einer Glühlampe

Wirkungen des Stromes **47**

Gefährliche Schaltungen

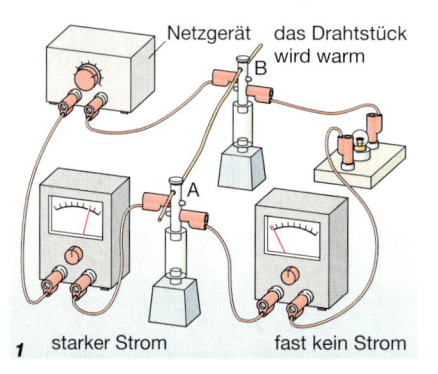

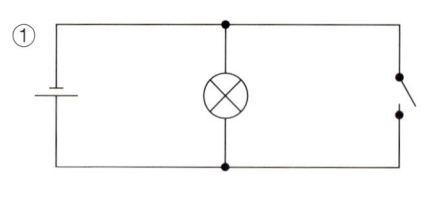

VERSUCHE

Bild 1: Netzgerät — das Drahtstück wird warm — B — A — starker Strom — fast kein Strom

Immer wieder liest man in der Zeitung von Bränden, die durch Kurzschluss verursacht wurden. Wie kommt ein Kurzschluss zustande?

① Sobald im Lehrerversuch nach Abb. ▶1 ein Draht die Punkte A und B verbindet, zeigt der erste Stromanzeiger einen sehr starken Strom an. Der zweite Stromanzeiger aber zeigt fast nichts mehr an; auch erlischt das Lämpchen. Der Draht wird warm.

② **a)** Wenn wir uns die Schaltungen nach Abb. ▶2 aufbauen und die Schalter betätigen, erleben wir Überraschungen: In Schaltung 1 erlischt das Lämpchen bei geschlossenem Schalter! In 3 leuchtet es nie! **b)** In den Kurzschlussschaltungen 1 und 3 lässt sich zeigen, dass man von einem Pol der Quelle durch Leitungen zum anderen Pol der Quelle kommen kann, ohne das Lämpchen zu durchlaufen.

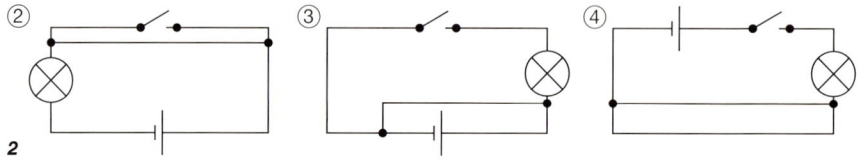

Bild 2: Schaltungen ①, ②, ③, ④

Der Kurzschluss

Werden die beiden Zuleitungen zwischen elektrischer Quelle und Gerät durch einen Draht oder sonst einen elektrischen Leiter verbunden, so besteht zwischen den Polen der Quelle eine direkte leitende Verbindung ohne elektrisches Gerät. Es liegt ein **Kurzschluss** vor.

Meistens leitet diese Verbindung wesentlich besser als das Elektrogerät. Deshalb wird der Strom in ihr so stark, dass die Quelle das Gerät nicht mehr betreiben kann: Ein Lämpchen erlischt, ein Elektromotor bleibt stehen, das Bügeleisen heizt nicht mehr usw.

Der sehr starke Strom im Kurzschlussstromkreis kann schlimme Folgen haben, denn er kann die Zuleitungen zur Quelle und auch die Quelle selbst stark erwärmen.

Vor allem bei Quellen mit großer elektrischer Spannung (z. B. 230 V) führt ein Kurzschluss oft zu Funkenbildung an der Kurzschlussstelle. Sowohl durch diese Funken als auch durch den starken Strom im Kurzschlusskreis kann es zu einer so großen Temperaturerhöhung kommen, dass die Stoffe in der Umgebung des Leiters oder der Kurzschlussstelle in Brand geraten!

Ein Kurzschluss entsteht, wenn zwischen den Zuleitungen zum Gerät eine weitere, besser leitende Verbindung zustande kommt.

Kurzschlüsse sind nicht nur gefährlich, sie bewirken auch, dass die kurzgeschlossenen Geräte nicht mehr richtig funktionieren. Um Kurzschlüsse zu vermeiden, müssen alle Isolierungen von Leitern oder elektrischen Bauteilen unbeschädigt bleiben.

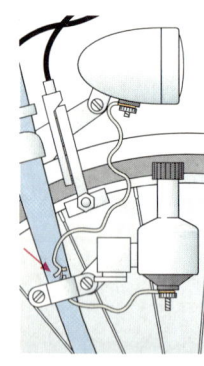

Kurzschluss – die Isolierung ist durchgescheuert.

Sicherheit im Stromkreis

VERSUCHE

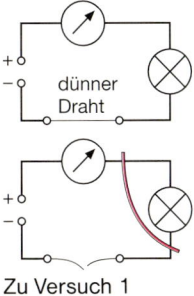

In allen Häusern und vielen Elektrogeräten sind Sicherungen eingebaut. Wie funktionieren sie?

① In einem Stromkreis sind ein dünner Draht, eine Glühlampe und ein Strommesser in Reihe geschaltet. Wenn wir mit einem dicken Draht das Glühlämpchen überbrücken und so einen Kurzschluss verursachen, glüht der dünne Draht durch und unterbricht den Stromkreis.

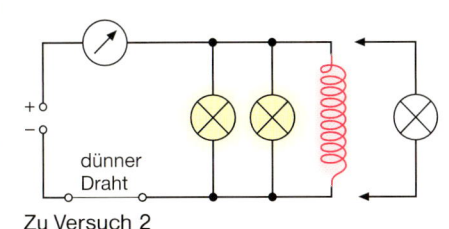

② Wenn wir dem Lämpchen in Versuch 1 immer mehr Geräte parallelschalten, zeigt das Messgerät immer größere Ströme an, bis auch hier der dünne Draht durchschmilzt.

③ Wir ersetzen das Lämpchen in Versuch 1 durch ein Gerät, dessen Nennspannung kleiner ist als die der elektrischen Quelle. Wieder unterbricht der durchglühende Draht den Stromkreis.

Zu Versuch 1

Zu Versuch 2

Die Schmelzsicherung

Nicht nur bei einem Kurzschluss wird der Strom in einem Stromkreis sehr stark. Auch durch Parallelschaltung vieler Geräte oder bei Verwendung eines ungeeigneten Gerätes kann es zu einem sehr starken Strom in den Zuleitungen von der elektrischen Quelle zum Gerät kommen. Ein dünner Draht in einer dieser Zuleitungen schmilzt bei einer solchen Überlastung durch und unterbricht so den Stromkreis. Er stellt eine Schmelzsicherung dar. Man baut sie absichtlich ein, damit die Zuleitungen durch die Wärmewirkung von zu starken elektrischen Strömen nicht zu heiß werden und dadurch Brände verursachen.

<u>Eine Schmelzsicherung unterbricht den Stromkreis selbsttätig bei Kurzschluss oder Überlastung.</u>

Schmelzsicherungen gibt es in vielen Bauformen. Außer in Häusern kommen sie z. B. auch im Auto und in Elektrogeräten vor (Abb. ▶ 2). Damit die Schmelzsicherung selbst keinen Schaden anrichten kann, befindet sich der Schmelzdraht in einem Gehäuse aus Keramik oder Glas und ist oft noch in Sand eingebettet (Abb. ▶ 1).

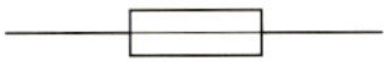

Eine durchgebrannte Schmelzsicherung darf man weder flicken noch durch irgendeinen Draht ersetzen, weil solche „Bastellösungen" den Stromkreis nicht absichern können!

Beachte deshalb:
1. Zuerst muss die Ursache der Störung behoben werden (Kurzschluss, Überlastung).
2. Danach muss eine neue, passende Schmelzsicherung eingesetzt werden.

Meistens werden heute in Häusern Sicherungsautomaten eingebaut, die keine Schmelzsicherungen sind. Sie können nach Behebung der Ursache wieder eingeschaltet werden.

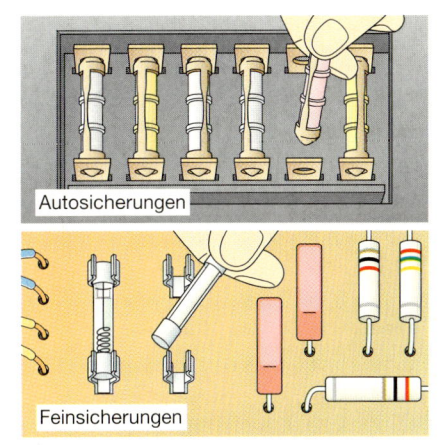

Kennplättchen, Feder, Porzellan, Sand, Schmelzdraht

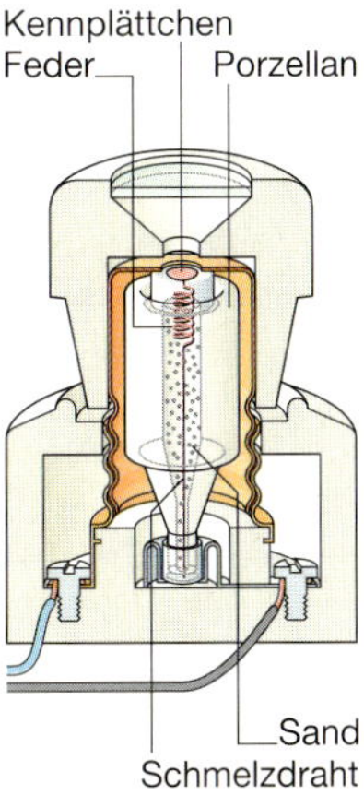

1 Aufbau einer Schmelzsicherung

Schaltzeichnung einer Sicherung

Autosicherungen

Feinsicherungen

2 Schmelzsicherungen im Auto (oben) und in einem Radio (unten)

Wirkungen des Stromes **49**

Geräte mit Thermostat

VERSUCHE

Ein Bimetallstreifen biegt sich bei Temperaturänderung. Diese Bewegung kann man zur Bedienung eines Schalters in einen Stromkreis nutzen:

① Über einem Klingelknopf befestigen wir einen Bimetallstreifen. Wenn dieser erwärmt wird, läutet die Klingel. Entfernt man die Flamme, hört das Läuten auf.

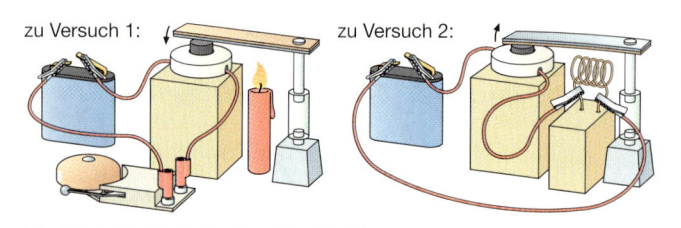

② Wir stellen einen Klingelknopf so dicht unter einen Bimetallstreifen, dass der Klingelknopf niedergedrückt wird und damit der Stromkreis geschlossen ist. Durch die Heizwendel wird der Bimetallstreifen erwärmt. Er biegt sich nach oben und unterbricht den Stromkreis. Wenn er sich abkühlt, schließt er den Stromkreis wieder.

③ Wir verfolgen den Stromkreis im Innern eines geöffneten Bügeleisens (Abb. ▶ 2). VORSICHT! Bügeleisen nicht an die Steckdose anschließen!

zu Versuch 1:   zu Versuch 2:

Temperaturregelung

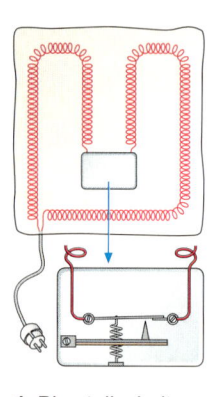

Das freie Ende eines einseitig befestigten Bimetallstreifens bewegt sich bei Temperaturänderung. Damit kann man den Schalter eines Stromkreises öffnen oder schließen.
Die nötige Temperaturänderung des Bimetallstreifens kann nicht nur durch äußere Einflüsse wie z. B. eine Flamme bewirkt werden. Sie kann auch durch die Wärmewirkung desjenigen elektrischen Stromes geschehen, den der Bimetallstreifen eingeschaltet hat.
Dieser elektrische Strom sorgt zusammen mit dem Bimetallstreifen und dem Schalter selbst dafür, dass die Temperatur des Bimetalls einen oberen Wert nicht überschreitet, denn dann wird der Schalter geöffnet und es wird nicht mehr geheizt. Ebenso wird eine untere Temperatur nicht unterschritten, weil der Bimetallstreifen den Schalter wieder schließt, wenn er sich auf diese Temperatur abgekühlt hat.
Diesen Vorgang nennt man **Regelung**. Die Temperatur des Bimetallstreifens schwankt also zwischen einem höchsten und einem niedrigsten Wert, sie weicht nur wenig von einem mittleren Wert ab, den man Regeltemperatur nennt. Eine solche Vorrichtung zur Temperaturregelung heißt **Bimetall-Thermostat**.
Ein Bimetall-Thermostat öffnet und schließt einen Stromkreis so, dass eine gewünschte Regeltemperatur in etwa beibehalten wird.

Die gewünschte Regeltemperatur kann man einstellen. Das sieht man im Bügeleisen von Abb. ▶ 2: Schraubt man mit dem Regelknopf den gesamten Bimetallstreifen herauf, so betätigt er den Schalter zur Unterbrechung des Heizstromkreises erst bei höherer Temperatur. Thermostate kommen in vielen Geräten vor, z. B. im Feuermelder, in der Waschmaschine, im Backofen usw. Sie dienen auch häufig der Sicherheit, etwa im Heizkissen (Abb. ▶ 1).

1 Bimetallschalter im Heizkissen

Knopf zur Einstellung der Regeltemperatur
Isolator
Bimetallstreifen
Rückholfeder
Schalter
Heizwendel

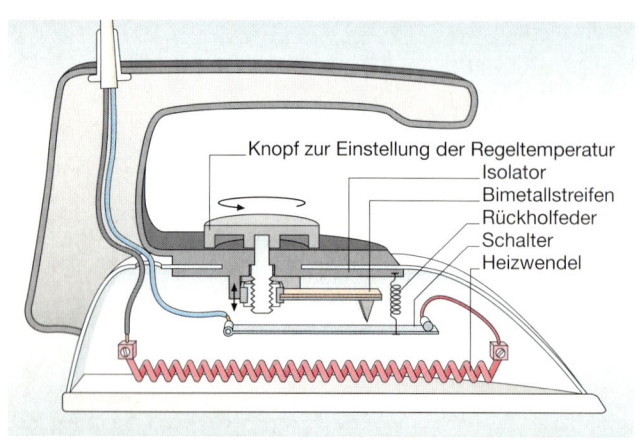

2 Wenn sich das Bügeleisen erwärmt, wird der Stromkreis unterbrochen.

Elektrischer Strom und Energie

VERSUCHE

Oft werden Elektrogeräte als „Energieverbraucher" bezeichnet. Wir untersuchen, was mit der Energie in solchen Geräten geschieht.

① Im Alltag beobachten wir: Der Autoakkumulator ist am anderen Morgen leer, wenn man über Nacht die Scheinwerfer brennen lässt. Die Akkus im Kassettenrecorder lassen den Tonbandmotor nicht ewig laufen. Man muss sie immer wieder laden.

② Ein kalter Tauchsieder heizt Wasser erst dann auf, wenn er an eine elektrische Quelle angeschlossen und der Stromkreis geschlossen wird.

③ Mit einem Akku betreiben wir einen Elektromotor, dessen Welle ein Schwungrad in Drehung versetzt (Abb. ▶ 1). Wenn wir das Rad nach dem Abkoppeln des Motors mit der Hand abbremsen, wird sie heiß. Wir berühren das Gehäuse des Elektromotors. Es ist warm.

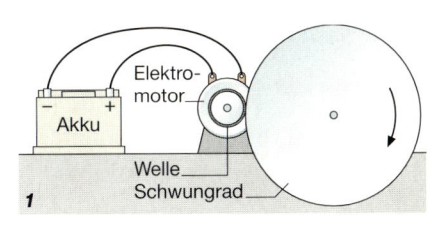

1 (Akku — Elektromotor — Welle — Schwungrad)

Energieumsetzer

An Akkumulatoren sieht man, dass elektrische Quellen an die angeschlossenen Elektrogeräte Energie abgeben. Deshalb kann z. B. ein Tauchsieder die Temperatur von Wasser erhöhen. Unterbricht man den Stromkreis, so dass kein elektrischer Strom mehr vorliegt, so wandert auch keine Energie mehr von der Quelle zum Gerät.
Wenn in einem Stromkreis ein elektrischer Strom ist, dann geht Energie von der elektrischen Quelle zum Elektrogerät über.
Was geschieht mit der Energie in den Elektrogeräten? Das sich drehende Schwungrad von Abb. ▶ 1 erwärmt die Hand, die es abbremst. Es gibt also Energie ab. Diese Energie kann es nur vom Elektromotor erhalten haben. Er hat die Energie, die er vom Akku bekam, nicht verbraucht oder gespeichert, sondern an das Schwungrad weitergegeben. Man nennt den Motor einen Energieumsetzer: Energie, die mit dem elektrischen Strom kam, wird von der sich drehenden Motorwelle weitergegeben.
Das Gehäuse des Elektromotors wird dabei warm und heizt die Umgebung. Der Motor gibt also nicht die ganze Energie an das Schwungrad weiter, sondern teilweise auch an die Umgebung ab (Abb. ▶ 3) und erhöht so deren Temperatur.

Der Tauchsieder ist ebenfalls ein Energieumsetzer. Die Energie, die von der Quelle kommt, wird durch Wärmeleitung an das Wasser weitergegeben (Abb. ▶ 2).
In einem elektrischen Gerät wird Energie nicht verbraucht, sondern umgesetzt. Die Energie, die von der elektrischen Quelle kommt, wird sofort wieder abgegeben.

Auch bei Elektrogeräten, die nicht dem Heizen dienen, geht ein Teil der Energie in die Umgebung und erhöht deren Temperatur.

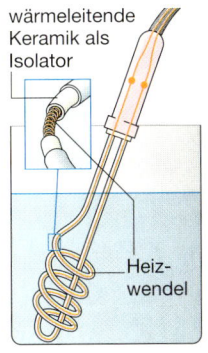

2 Durch Wärmeleitung kommt die Energie ins Wasser. (wärmeleitende Keramik als Isolator — Heizwendel)

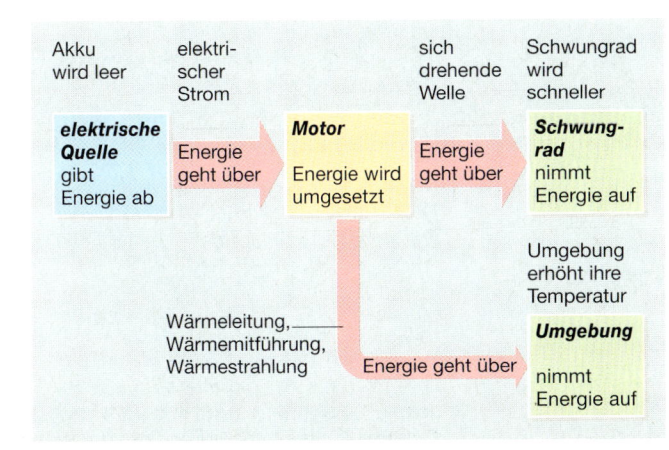

3 Energiediagramm zum Elektromotor als Energieumsetzer

Wirkungen des Stromes

Energieversorgung

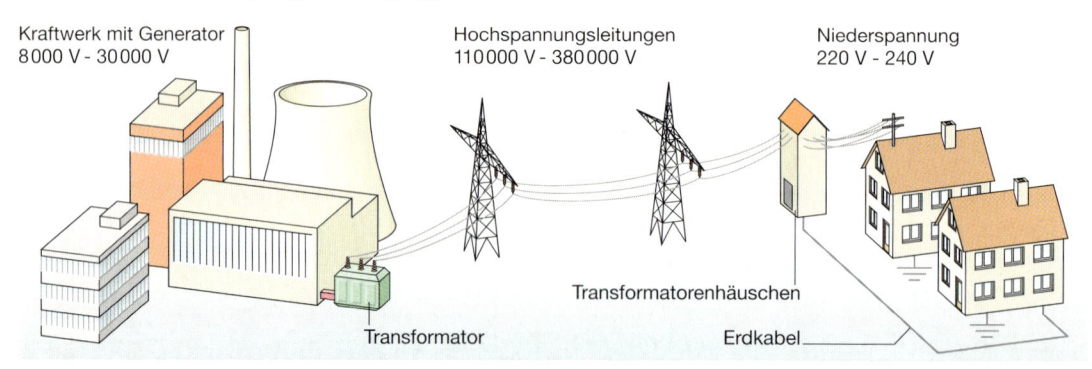

Kraftwerk mit Generator
8000 V - 30 000 V

Hochspannungsleitungen
110 000 V - 380 000 V

Niederspannung
220 V - 240 V

Transformator

Transformatorenhäuschen

Erdkabel

1 So werden unsere Haushalte mit elektrischer Energie versorgt.

Vom Kraftwerk zum Haushalt

Die Abbildungen 1 und 2 geben dir einen Überblick, wie unsere Haushalte mit elektrischem Strom versorgt werden, und dadurch Energie für den Betrieb elektrischer Geräte erhalten. In jedem Kraftwerk befindet sich ein großer Dynamo, der **Generator**. Bei Wasserkraftwerken wird er vom strömenden Wasser mit Hilfe einer Schaufelradturbine angetrieben. In Öl-, Gas-, Kohle- und Kernkraftwerken wird zuerst Wasser erhitzt bis es verdampft. Der Dampf treibt dann Turbine und Generator an. Die Spannung an den Anschlüssen des Generators beträgt zwischen 8000 V und 30 000 V. Bringt man bei diesen Spannungen die elektrische Energie zu den Haushalten, so erwärmen sich die Fernleitungen sehr stark. Die Energie geht nutzlos in die Umgebung. Das lässt sich vermeiden, wenn man die Energie bei wesentlich höheren Spannungen transportiert, welche man mit Transformatoren erzeugt. Diese stellen dann am Ende der Leitung auch die in unseren Häusern übliche Spannung (220 V – 240 V) bereit.

Die elektrische Anlage im Haus

Im Haus führt das Hausanschlusskabel zunächst zum Hauptsicherungskasten. Er enthält meistens Schmelzsicherungen. Die Leitungen führen dann weiter zum Kasten mit dem Zähler und den Wohnungssicherungen. Von dort aus geht es zu den Steckdosen und Schaltern. Die Wohnungssicherungen sind heute meist keine Schmelzsicherungen mehr, sondern Sicherungsautomaten. Alle angeschlossenen Geräte sind parallel geschaltet. Geräte, die zum Betrieb einen besonders starken elektrischen Strom benötigen (z. B. Heizgeräte, Elektroherd, Waschmaschine, ...) werden meistens durch eigene Leitungen und eigene Sicherungen mit dem Zähler verbunden.

2 Die elektrische Anlage im Haus

52 *Wirkungen des Stromes*

Sicherheitseinrichtungen

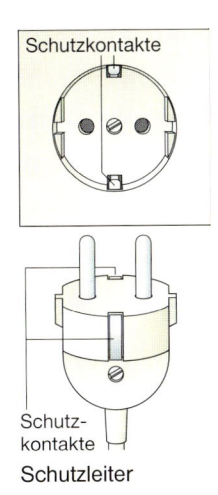

Schutzkontakte

Schutzkontakte
Schutzleiter

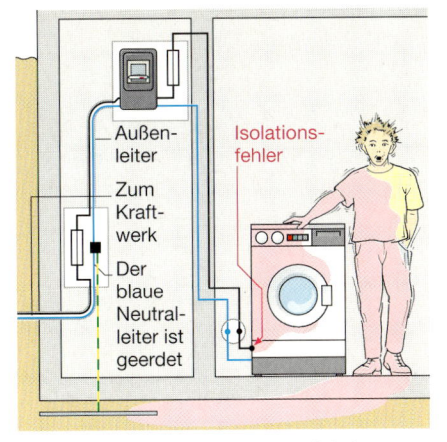

1 a Trotz Sicherung Lebensgefahr!

b Sicherheit durch Schutzleiter

schutzisoliert

Zeichen für schutzisoliert

Der Schutzleiter
Aus Sicherheitsgründen führen zu Steckdosen und manchen Geräten 3 Leitungen, obwohl doch zum Betrieb 2 Leiter genügen müssten!
Zum Betrieb der Geräte werden tatsächlich nur der Außenleiter und der Neutralleiter benutzt. Sie sind mit dem Generator im Kraftwerk verbunden. Der Neutralleiter heißt so, weil er zusätzlich geerdet (leitend mit der Erde verbunden) ist. Nun kann es sein, dass sich im Innern eines Elektrogerätes Kabel lösen oder dass sich die Isolierhülle von Kabeln durchscheuert. Hat das Gerät ein Metallgehäuse und kommt dieses mit dem defekten Kabel in Kontakt, besteht Lebensgefahr! Ein ahnungsloser Benutzer, der das Gehäuse anfasst, schließt mit seinem Körper über die Erde den Stromkreis zwischen Außenleiter und Neutralleiter (Abb. ▶ 1a). Der Körper des Menschen ist ja ein Leiter!

Verbindet man Metallgehäuse von Elektrogeräten durch eine dritte, unabhängige Schutzleitung (gelbgrüne Isolation) direkt mit der Erde und tritt jetzt ein Isolationsfehler im Gerät auf, so entsteht sofort ein Kurzschluss, der die Sicherung unmittelbar auslöst (Abb. ▶ 1b).
Geräte, die ein isolierendes Kunststoffgehäuse haben, brauchen keinen Schutzleiter. Sie haben Flachstecker und tragen das Zeichen für „schutzisoliert".

Der Sicherungsautomat
Eine durchgebrannte Schmelzsicherung muss man durch eine neue ersetzen. Den Sicherungsautomaten (Abb. ▶ 2) kann man immer wieder benutzen. Er funktioniert so: Der elektrische Strom wird im Automaten durch die Spule eines Elektromagneten geleitet. Ist der Strom durch Kurzschluss oder Überlastung zu stark, zieht der Magnet den Sperrhaken S ganz nach unten. Dann kann die Feder den Hebel nach unten ziehen. Jetzt verbindet der Metallstreifen M die beiden Kontakte 1 und 2 nicht mehr. Der Stromkreis ist geöffnet. Bevor man die Sicherung wieder einschaltet, muss man die Ursache der Störung beseitigen, denn der Sperrhaken S würde ja gleich wieder nach unten gezogen!

Ein wichtiger Sicherheitshinweis
Berühre nie einen Verunglückten, der noch mit dem Stromkreis in Kontakt ist! Schalte zuerst den Strom ab!

2 Das Innere des Sicherungsautomaten

Wirkungen des Stromes 53

AUFGABEN

1. Beispiel
Zeichne ein Energiediagramm für einen Tauchsieder, der Wasser erhitzt.

Lösung:

Akku wird leer	elektrischer Strom		Wärmeleitung durch Keramik	Temperatur steigt
elektrische Quelle gibt Energie ab	Energie geht über	**Tauchsieder** Energie wird umgesetzt	Energie geht über	**Wasser** nimmt Energie auf

2. Beispiel
Warum baut man Sicherungen direkt an der elektrischen Quelle in Stromkreise ein?

Lösung:
Ein Kurzschluss zwischen den Zuleitungen vor der Sicherung führt nicht zum Auslösen der Sicherung! Dann könnte der starke Strom im Kurzschlussstromkreis einen Brand verursachen.

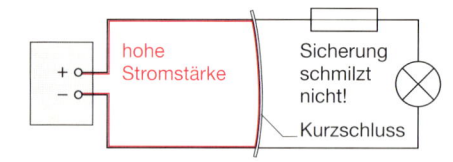

3. Beispiel

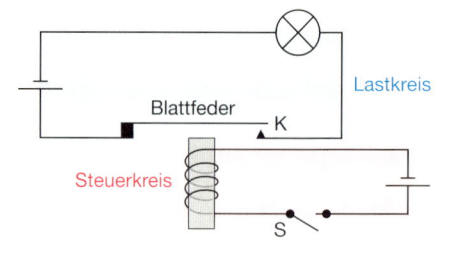

Abb. ▶1 zeigt den Aufbau eines elektromagnetischen Schalters, den man auch Relais nennt.
a) Erläutere, warum die Blattfeder den Kontakt K berührt, wenn der Schalter S geschlossen wird.
b) Was geschieht beim Öffnen des Schalters S?
c) Begründe, dass ein schwacher Strom im Steuerkreis (Stromkreis I) einen starken Strom im Lastkreis (Stromkreis II) ein- und ausschalten kann.

Lösung:
a) Schließt man den Schalter S, so zieht der Elektromagnet (Spule mit Eisenkern) die Blattfeder an. Dadurch wird der Lastkreis geschlossen.
b) Beim Öffnen des Schalters S wird der Magnet im Steuerkreis ausgeschaltet, die Blattfeder geht in ihre Ausgangslage zurück und der Lastkreis ist wieder geöffnet.
c) Ein schwacher Strom reicht aus, um den Magnet einzuschalten und die Feder (Schalter) anzuziehen.

Heimversuche, Erkundungen

1 Der Kühlschrank schließt dicht.
Untersuche die Kühlschranktüre. Sie schließt ohne Schloss! Halte Büroklammern an den Dichtungsgummi rund um die Tür. Erläutere, wie der Verschluss funktioniert und warum er rings um die ganze Tür geführt ist.

2 Woraus bestehen unsere Münzen?
a) Untersuche Münzen von jeder Sorte mit einem Magnet. Welche werden angezogen? Was kannst du jetzt über die Beschaffenheit dieser Münzen aussagen?
b) Unter den Ein- und Zweipfennigstücken gibt es solche, die angezogen werden, und solche, die nicht angezogen werden. Was bedeutet das? Sieh dir auch das Herstellungsjahr an.

3 Die magnetische Wirkung
Lege einen Nagel auf den glatten Tisch und bestimme die Entfernung, bei der er von einem Magnet gerade angezogen wird. Ändert sich diese Entfernung, wenn du einen „stärkeren" Magnet verwendest? Ändert sie sich, wenn du ein Buch zwischen Magnet und Nagel bringst?

4 Bau eines Elektromagneten
Wickle Lackdraht oder isolierten Klingeldraht etwa 50-mal um eine Garnrolle und stecke einen dicken Eisennagel in sie. Untersuche die Kraftwirkung dieses Elektromagneten mit Hilfe von Nägeln und Büroklammern, indem du ihn an unterschiedlichen elektrischen Quellen (Batterien; auf keinen Fall die Steckdose!) anschließt.

5 Ein selbstgebauter Kompass

Aus einer magnetisierten Nähnadel und einer Korkscheibe kannst du einen einfachen Kompass wie in Abb. ▶ 1 bauen. Zeichne die Richtungen ein.

6 Strom hat magnetische Wirkung

Schließe kurzzeitig einen Draht an die Pole einer Flachbatterie an und halte ihn über einen Kompass. Pole dann die elektrische Quelle um. Beobachte die Nadel und beschreibe ihr Verhalten.

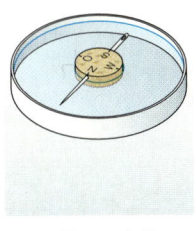

1 Zu Versuch 5

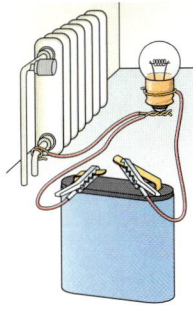

7 Haushaltsgeräte mit Thermostat

Welche Haushaltsgeräte bei dir zu Hause heizen mit elektrischem Strom? Welche Elektrogeräte haben einen Thermostat? Welchem Zweck dient dieser jeweils? Bei welchen Geräten kann man die Regeltemperatur einstellen?

8 Energie „spar"lampen

Berühre vorsichtig das Glas einer Leuchtstoffröhre. Vergleiche Helligkeit und Temperatur mit einer Glühlampe. Was bedeutet das für die umgesetzte Energie?

2 Zu Versuch 11

9 Der Sicherungskasten

Lass dir einmal den Sicherungskasten in eurer Wohnung zeigen. Welche Art von Sicherungen enthält er? Zeichne die Sicherungen auf und schreibe jeweils dazu, für welche Räume oder Elektrogeräte die einzelnen Sicherungen sind.

10 Geräte ohne Schutzleiter

Welche Geräte bei dir zu Hause haben ein schutzisoliertes Gehäuse? Zeichne den Stecker dieser Geräte.

11 Eine Schaltung wird geerdet

In einer Schaltung aus Batterie und Lämpchen wird eine Zuleitung mit der Wasserleitung oder dem Heizungsrohr verbunden (Abb. ▶ 2). Überlege, ob das Lämpchen noch leuchtet, wenn eine Zuleitung leitend mit der der Erde verbunden ist. Baue die Schaltung nach und überprüfe deine Antwort.
Auch beim Stromnetz, an das die Haushalte angeschlossen sind, ist ein Leiter im Stromkabel, der Neutralleiter, mit der Erde verbunden. Beeinträchtigt dies den Stromkreis eines Elektrogerätes?

Fragen

Zu Dauer- und Elektromagneten

① In manchen Spielzeugen sind Magnete eingebaut. Berichte, welche Aufgaben sie dort haben.

② In welche Richtung bewegt sich der Magnet in Abb. ▶ 3? Was wäre, wenn die Magnetpole nicht gekennzeichnet wären? Wie müsste man vorgehen, um sie zu bestimmen?

③ Elektromagnete und Stabmagnete haben etliche magnetische Eigenschaften. Notiere in einer Tabelle Unterschiede und Gemeinsamkeiten.

④ Welcher Zusammenhang besteht bei einem Elektromagneten zwischen Magnetkraft und elektrischem Strom? Welcher Zusammenhang besteht zwischen Magnetkraft und Windungszahl der Spule? Formuliere „Je ... , desto ..."-Sätze.

⑤ Eine von zwei äußerlich gleichen Nadeln ist ein Magnet. Wie kann man herausfinden, welche es ist?

⑥ Kann man in einer Müllsortieranlage Kupfer- und Messingteile mit einem starken Magneten heraussortieren?

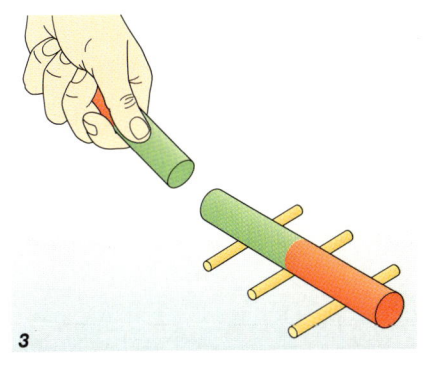

3

⑦ Ursulas Hausschlüssel ist in einen schmalen Spalt gefallen, in den sie nicht mit der Hand hineinfassen kann. Mit einem langen Nagel und einem Magnet schafft sie es, den Schlüssel wiederzubekommen. Wie hat sie es gemacht?

⑧ Sieh im Atlas nach, wo die magnetischen Pole der Erde liegen.

⑨ Weshalb besteht das Gehäuse eines Kompasses aus Kunststoff oder Messing und nicht aus Eisen?

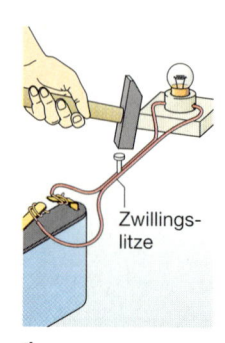

Zu Wärmewirkung und Sicherung

⑩ Warum wird das Zuleitungskabel zu einem Tauchsieder nicht heiß, obwohl der Tauchsieder selbst erhebliche Temperaturen erreicht?

⑪ Hans will die Leitung so befestigen, wie in Abb. ▶ 1 dargestellt. Was sagst du dazu?

⑫ Erkläre die Wirkungsweise einer Schmelzsicherung.

⑬ Warum bestehen die elektrischen Zuleitungen zu Häusern aus besonders dicken Drähten?

Zwillingslitze

1

Zu Geräten mit Thermostat

⑭ Weshalb ist ein Thermostat für eine Aquariumheizung nötig?

⑮ Wie funktioniert der Thermostat in einem Kühlschrank? Zeichne ein Schaltbild mit Bimetallstreifen.

⑯ Im Heißluftstrom eines Föhns und eines Wäschetrockners ist ein Bimetallschalter eingebaut. Warum?

Zu elektrischer Strom und Energie

⑰ Welche Energieumsetzer gibt es im Haushalt, beim Auto, beim Fahrrad? Wohin geht die Energie jeweils? Wo geht Energie in die Umgebung?

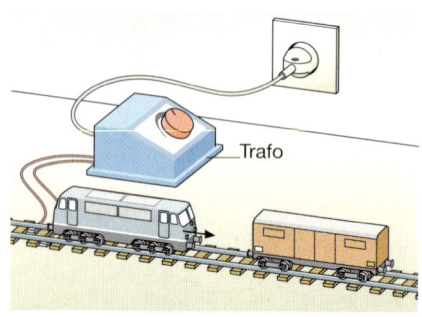

Trafo

2

⑱ Zeichne ein Energiediagramm für den dargestellten Modelleisenbahnversuch (Abb. ▶ 2), bei dem die Lok einen Güterwagen anschiebt.

⑲ Der Elektrizitätszähler im Haus misst die Energie, die vom Kraftwerk angeliefert wird. Beobachte ihn, wenn jemand eine Glühlampe, ein Bügeleisen, den Wäschetrockner einschaltet. Was stellst du fest?

Zu Stromversorgung

⑳ Was wäre, wenn alle Geräte in einem Haus in Reihe und nicht parallel geschaltet wären?

㉑ Warum sichert man die elektrische Anlage in einer Wohnung nicht mit einer einzigen Sicherung?

㉒ Kann man die Steckdose als elektrische Quelle bezeichnen?

㉓ Beim Aufbau einer Schaltung soll man aus Sicherheitsgründen die Verbindung zur elektrischen Quelle zuletzt herstellen. Weshalb?

㉔ Warum ist es für die Sicherheit egal, wenn man einen Stecker mit Schutzkontakten andersherum in die Steckdose steckt?

Weitere Aufgaben

㉕ Eine Monozelle bringt eine Haushaltsglühlampe nicht zum Leuchten, obwohl doch Strom in der Lampe ist. Warum?

㉖ Eltern verschließen oft die Steckdosen, damit kleine Kinder nicht spitze, dünne Gegenstände in sie stecken. Warum ist es lebensgefährlich mit solchen Gegenständen an Steckdosen zu hantieren, obwohl es doch den Schutzleiter gibt?

㉗ Jemand erläutert, wie der Türgong in Abb. ▶ 3 arbeitet. Er schreibt:
1. Wenn der Tastschalter gedrückt wird, ist Strom in der Spule.
2. Sie wird zu einem Magnet und ...
Setze den Text fort! Beschreibe auch den Vorgang, wenn der Tastschalter losgelassen wird.

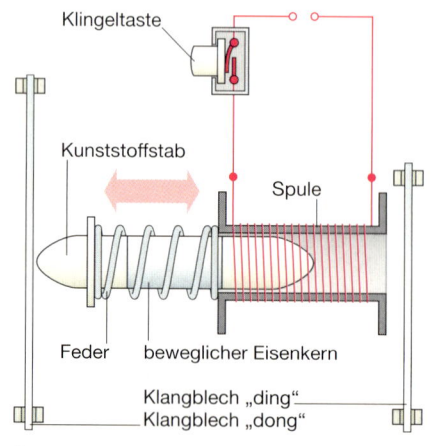

Klingeltaste

Kunststoffstab

Spule

Feder — beweglicher Eisenkern

Klangblech „ding"
Klangblech „dong"

3

56 Wirkungen des Stromes

Lichtquelle und Lichtempfänger

Scheinwerfer können blenden

Die Begegnung mit einem Auto kann nachts dazu führen, dass man selbst fast nichts mehr sieht – man ist geblendet vom grellen Licht der Autoscheinwerfer. Das lässt sich vermeiden! Dazu muss der Fahrer das „Abblendlicht" eingeschaltet haben. Die Scheinwerfer müssen aber auch richtig eingestellt sein: ihr Licht muss schräg nach unten auf die Straße gerichtet sein.
Achte auch bei deinem Fahrrad darauf!

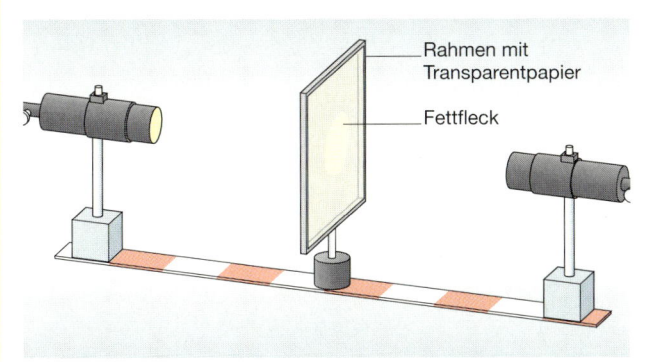

Der sonderbare Fettfleck

Erzeuge auf einem Blatt Papier mit etwas Butter oder mit einem Tropfen Öl einen Fettfleck! Betrachte ihn, wenn du das Blatt einmal von vorn und dann von hinten beleuchtest. Was ist jeweils heller: der Fettfleck oder seine Umgebung?
Wie ist es, wenn du mit zwei Lampen von beiden Seiten beleuchtest? Kann man so den Fettfleck auch unsichtbar werden lassen?

Solarhaus

Bisher hatte das ziemlich einsam gelegene Bauernhaus keinen elektrischen Strom. Die Solarzellen auf dem Dach waren zwar nicht billiger als eine eigene elektrische Fernleitung, sind aber umweltfreundlicher, weil sie die Energie des Sonnenlichtes nutzen.
Was passiert wohl, wenn die Sonne mal nicht scheint?

Lichtquelle und Lichtempfänger 57

Vom Sehen

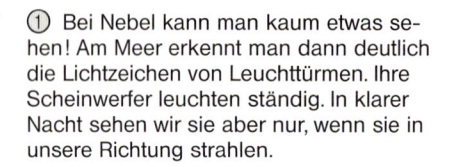

VERSUCHE

① Bei Nebel kann man kaum etwas sehen! Am Meer erkennt man dann deutlich die Lichtzeichen von Leuchttürmen. Ihre Scheinwerfer leuchten ständig. In klarer Nacht sehen wir sie aber nur, wenn sie in unsere Richtung strahlen.

② Tina leuchtet Peter mit der Taschenlampe an (Abb. ▶ 2). Sie berichtet, dass sie zwar Peter, aber nicht die Glühlampe sehen kann. Peter dagegen kann die Glühlampe sehen. Tina sieht er nicht.

③ Beobachte die Sonne bei leicht bewölktem Himmel und bei (nicht zu dichtem) Nebel. Was ist anders?

④ Stelle auf das aufgeschlagene Buch verschiedene Gegenstände: Glasscheibe, Heft, Papierblatt, Spiegel, Plastikfolie, Butterbrotpapier. Richte im abgedunkelten Raum ein enges Lichtbündel aus deiner Taschenlampe schräg auf diese Gegenstände (Abb. ▶ 1). Schreibe jeweils auf,

1 Zu Versuch 4

wie hell es auf den Buchseiten davor und dahinter ist.

⑤ Wir richten ein Lichtbündel auf eine schwarze Pappe, eine weiße Pappe, eine Glasscheibe und einen Spiegel. In der Umgebung aufgestellte Körper werden unterschiedlich beleuchtet. Nur die weiße Pappe können wir aus allen Richtungen gleich gut sehen.

Wann sehen wir etwas?

Öllampe 
seit 5000 Jahren

Petroleumlampe 
seit 300 Jahren

Gaslaterne 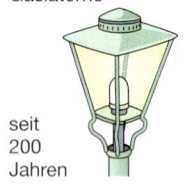
seit 200 Jahren

Glühlampe
seit 100 Jahren

Ein gutes Sehvermögen reicht nicht aus, um wirklich etwas zu sehen! Im völlig abgedunkelten Raum, in „stockdunkler" Nacht oder mit geschlossenen Augen sieht man nichts.
Obwohl Tina im Versuch nach Abb. ▶ 2 die Augen offen hat, kann sie die Glühlampe nicht sehen, weil sich zwischen dieser und ihren Augen ein Hindernis, nämlich ein Teil des Taschenlampengehäuses, befindet. Für Peter gilt das nicht; er sieht die Glühlampe.
<u>Einen Körper kann man sehen, wenn von ihm Licht ausgeht und dieses Licht in unser Auge gelangt.</u>

Jeden Gegenstand, der Licht erzeugt, nennt man Lichtquelle. Beispiele dafür sind etwa eine Glühlampe oder eine Kerzenflamme, die Sonne oder ein Glühwürmchen.

Obwohl Peter im Versuch nach Abb. ▶ 2 keine Lichtquelle ist, kann Tina ihn sehen. Das Licht der Glühlampe geht zunächst zu Peter und von dort aus in Tinas Augen.

<u>Gegenstände, die selbst kein Licht erzeugen, kann man nur sehen, wenn sie von einer Lichtquelle beleuchtet werden.</u>

Das Licht gelangt dann von der Lichtquelle zum Gegenstand und von dort in unser Auge.
Die meisten Gegenstände, die man sieht, sind keine Lichtquellen, sondern beleuchtete Körper. Auch der Mond ist ein Beispiel dafür!

2 Tina leuchtet Peter an.

58 Lichtquelle und Lichtempfänger

Licht trifft auf Körper

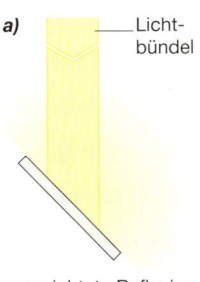

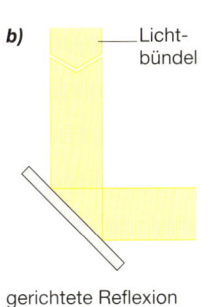

a) Lichtbündel

ungerichtete Reflexion

b) Lichtbündel

gerichtete Reflexion

c) Lichtbündel

vollständige / teilweise Absorption

Was geschieht mit dem Licht, das auf einen Körper trifft (Abb. ▶1)?
Weiße Pappe und ein Spiegel **reflektieren** das Licht, d. h., sie werfen es zurück. Die weiße Pappe reflektiert das Licht in alle Richtungen, deshalb werden alle Figuren beleuchtet und man kann die Pappe aus allen Richtungen sehen.

Diese Art der Reflexion nennt man **ungerichtete Reflexion**.
Der Spiegel dagegen reflektiert das Licht nur in eine Richtung, aus allen anderen Richtungen erscheint er daher schwarz! Hier spricht man von **gerichteter Reflexion**. Sie tritt nur bei ganz glatten Oberflächen auf.
Bei gerichteter Reflexion wird ein Lichtbündel von einem Körper nur in eine Richtung reflektiert.
Bei ungerichteter Reflexion wird das Licht in viele Richtungen reflektiert.

Auch eine Glasscheibe reflektiert einen Teil des Lichts. Ein anderer Teil des Lichts wird jedoch vom Glas durchgelassen. Je dicker die Glasscheibe ist, desto weniger Licht kommt auf ihrer Rückseite an; das Glas **absorbiert** (verschluckt) nämlich entsprechend viel Licht. So ist es auch beim Wasser: Je tiefer ein Taucher kommt, desto dunkler wird es! Tiefseetaucher nehmen deshalb Lampen mit.

Von schwarzer Pappe geht kein Licht in die Umgebung, sie erscheint aus allen Richtungen schwarz. Dieser Körper absorbiert das Licht vollständig!
Licht wird von Körpern mehr oder weniger stark durchgelassen, absorbiert oder reflektiert.

Die ungerichtete Reflexion ermöglicht es, Körper zu sehen, die selbst keine Lichtquellen sind. Auch der unsichtbare Weg des Lichtes von der Lichtquelle zu einem Körper lässt sich so sichtbar machen. Bringt man z. B. Rauch oder fein versprühtes Wasser in den Lichtweg, so sieht man von allen Seiten die Rauch- oder Wasserteilchen (Abb. ▶2).

2 Dunst macht den Lichtweg sichtbar.

Bei der „indirekten Beleuchtung" wird das Lichtbündel aus einer Lampe von einer hellen Wand oder Decke nach allen Seiten reflektiert und beleuchtet so den ganzen Raum.

Milchglasscheiben sind zwar lichtdurchlässig, doch wird das von einem Gegenstand ausgehende Licht beim Durchgang durch die Scheibe an kleinen weißen Farbteilchen ungerichtet reflektiert. Daher kann man den Gegenstand nicht mehr klar erkennen. Man nennt Körper wie die Milchglasscheibe deshalb durchscheinend, Körper wie die Klarglasscheibe aber durchsichtig.

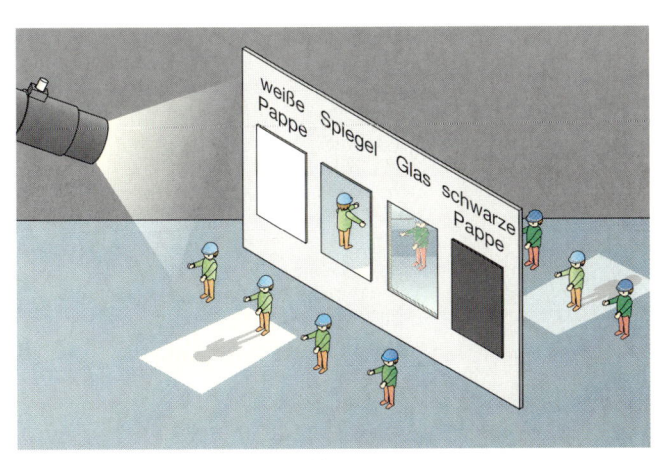

1 Licht trifft auf verschiedene Körper.

Lichtquelle und Lichtempfänger

1 Tautropfen *2* Farbiges Licht – der Regenbogen

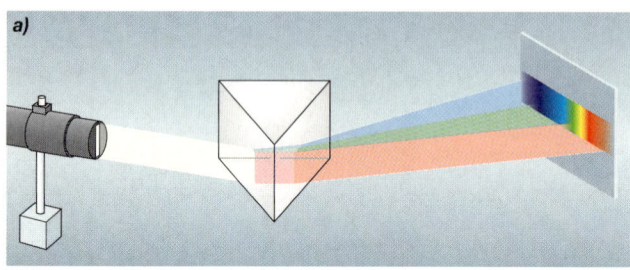

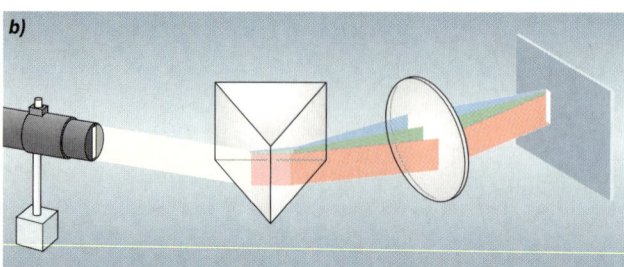

3 a, b Versuche zum Spektrum

4 Körperfarben ändern sich mit der Beleuchtung.

Wir sehen Farben!

Einen Regenbogen siehst du selten – nur dann, wenn gleichzeitig Regentropfen und Sonnenlicht in bestimmter Richtung vorhanden sind!
Aber auch an Schneekristallen oder kleinen Tautröpfchen, die morgens an Grashalmen oder Spinnweben hängen, kannst du im Sonnenlicht ein farbiges Glitzern beobachten (Abb. ▶ 1).

In einem Versuch können wir diese Vorgänge nachahmen (Abb. ▶ 3a):
Das Sonnenlicht ersetzen wir durch das Licht einer Lampe. Wir lassen ein schmales Lichtbündel auf einen Glaskörper mit dreieckiger Grundfläche, ein **Prisma**, fallen und beobachten dann das Licht auf der Wand. Wir erkennen ein Farbband wie in Abb. ▶ 3. Es zeigt Farben wie bei einem Regenbogen. Man nennt dieses Farbband ein **Spektrum**.
Das farbige Licht, das wir sehen, kommt von der Lampe. Vermutlich ist es in dem „weißen" Licht, das wir vor dem Prisma nachweisen, schon vorhanden und das Prisma hat nur die einzelnen Farbanteile getrennt. Wenn das stimmt, müsste man weißes Licht erhalten, wenn man alle Anteile des Spektrums wieder zusammenführt. Das überprüfen wir in einem zweiten Versuch (Abb. ▶ 3b):
Wir halten beim ersten Versuch eine Linse zwischen Prisma und Wand in den Lichtweg. Die Linse bündelt das Licht auf einen engen Raum. Wir erkennen: Wenn wir alle farbigen Lichtanteile aus dem Spektrum zusammenführen, erhalten wir wieder weißes Licht.

Rotes (blaues, gelbes, ...) Glas oder Buntpapier wirken als **Filter**. Sie lassen nur das rote (blaue, gelbe, ...) Licht durch, die übrigen Anteile werden absorbiert. Auf diese Weise können wir jeden Farbanteil einzeln erhalten.
Trifft gelbes Licht auf einen Blumenstrauß wie in Abb. ▶ 4b, so kann auch nur gelbes Licht reflektiert werden. Wird der Strauß mit weißem Licht, also mit allen Farbanteilen, beleuchtet, sehen wir den Strauß bunt (Abb. ▶ 4a).
Weil die einzelnen Farbanteile des auftreffenden Lichts von den verschiedenen Pflanzenteilen unterschiedlich stark absorbiert und reflektiert werden, sehen wir den Strauß farbig.
Eine Rose absorbiert beispielsweise alle Farbanteile außer dem roten. Diesen reflektiert sie und erscheint uns daher rot.

1 Lichtquellen ermöglichen den Straßenverkehr auch nachts.

2 Lebenswichtig: Gut sehen und gut gesehen werden!

3 Lichtquellen und Reflektoren am Fahrrad

Licht im Verkehr

In Abb. ▶1 siehst du, welche Bedeutung Licht im Straßenverkehr hat: Ampeln regeln den Verkehr, Straßenlampen oder Autoscheinwerfer machen Verkehrsschilder und andere Verkehrsteilnehmer sichtbar, Rücklichter warnen den nachfolgenden Verkehr usw. Leider gibt es auch störende Nebenerscheinungen, z. B. die Spiegelungen auf der nassen Fahrbahn!
Aber nicht nur im Straßenverkehr ist Licht wichtig — auch Flugzeuge und Schiffe, U-Bahnen und Fernschnellzüge sind auf Licht und Lichtsignale angewiesen.

Für alle Verkehrsteilnehmer ist die Regel wichtig: **Man muss selbst gut sehen und von anderen gut gesehen werden!**
Das siehst du in Abb. ▶2: Der Autoscheinwerfer erfasst zwar beide Fußgänger, aber die dunkle Kleidung des rechten Fußgängers verschluckt beinahe alles Licht. Er wird zu spät erkannt! Durch die helle Kleidung und die reflektierende Armbinde ist der linke Fußgänger dagegen schon von weitem sichtbar.
Als Fußgänger und vor allem als Radfahrer musst du für deine eigene Sicherheit und die der anderen Verkehrsteilnehmer Sorge tragen. Beachte deshalb:
Der **Scheinwerfer** gibt das Licht ab, mit dem du Straße, Straßenbegrenzung und Hindernisse bei Dunkelheit erkennen kannst. An ihnen wird das Licht ungerichtet reflektiert.
Du solltest die Beleuchtung nicht erst dann einschalten, wenn du selbst nicht mehr alles siehst! Es ist mindestens ebenso wichtig, dass dein Fahrrad für Autofahrer schon von weitem durch das abgestrahlte Licht zu erkennen ist! Überprüfe deshalb regelmäßig, ob der Scheinwerfer Licht abgibt und richtig eingestellt ist:
Das Licht muss die Straße weit genug ausleuchten, aber ein zu hoch eingestellter Scheinwerfer blendet andere Verkehrsteilnehmer.
Ein funktionierendes **Rücklicht** schützt dich davor, von Verkehrsteilnehmern übersehen zu werden, die dich überholen.
An mehreren Stellen am Fahrrad müssen **Reflektoren** angebracht sein, die auftreffendes Licht reflektieren und dadurch zusätzlich Schutz bei Dunkelheit bieten: ein weißer Reflektor beim Scheinwerfer, ein roter über dem Rücklicht und gelbe an den Speichen und an den Pedalen.
Scheinwerfer, Rücklicht und Reflektoren können nur wirksam werden, wenn sie nicht verschmutzt sind!

Lichtquelle und Lichtempfänger

VERSUCHE

Lichtempfänger

① Wenn das Licht im Raum plötzlich stark abnimmt, sieht man erst allmählich wieder etwas. Genauso ist es, wenn im dunklen Raum grelles Licht eingeschaltet wird. Beobachte dabei deine Pupillen im Spiegel!

② Bei vielen Fotoapparaten wird man durch ein rotes oder grünes Signal im Sucher darüber informiert, ob die Helligkeit zum Fotografieren reicht. Überprüfe die Anzeige, indem du die Hand vor den Fotoapparat hältst!

③ Es gibt „Dämmerungsschalter", die bei Einbruch der Dunkelheit selbsttätig Hauslampen oder die Straßenbeleuchtung einschalten. Wie „erkennen" sie, dass es dunkel wird?

Das Auge

Mit den **Augen** erkennen wir hell und dunkel, wir unterscheiden Farben und wir sehen die Gegenstände vor uns. Abb. ▶ 1 zeigt den inneren Aufbau der Augen. Was geschieht beim Sehen? Das Licht gelangt durch die **Pupille** und durch verschiedene Schichten bis zur **Netzhaut**. In der Netzhaut befindet sich eine große Zahl lichtempfindlicher Nervenzellen. Von ihnen werden die Lichtreize an bestimmte Bereiche im Gehirn weitergeleitet. Bei den Nervenzellen gibt es zwei Arten: Stäbchen und Zapfen. Mit den Stäbchen unterscheiden wir hell und dunkel; mit den Zapfen erkennen wir verschiedene Farben.
Die Pupille ist eine lichtdurchlässige Öffnung im vorderen Teil des Auges. Bei größerer Helligkeit wird die Pupille kleiner und lässt weniger Licht ins Auge fallen.

Technische Lichtempfänger

Neben dem Auge gibt es technische Lichtempfänger, die Helligkeiten messen und Bilder aufnehmen können. Der **Film im Fotoapparat** nimmt das Bild ähnlich auf wie die Netzhaut im Auge. Winzige Körnchen im Film werden durch das Licht verändert und nach dem Entwickeln des Films heller, dunkler oder verschieden farbig.

Für die Helligkeitssteuerung ist im Fotoapparat eine **Fotodiode** eingebaut. Dieses elektronische Teil lässt je nach Helligkeit einen elektrischen Strom stärker oder schwächer werden. Man verwendet sie bei Lichtschranken, Dämmerungsschaltern oder Fernsteuerungen von Fernsehgeräten. Dabei benutzt man oft das für uns unsichtbare infrarote Licht.
Solarzellen werden mit Hilfe des Sonnenlichtes zu elektrischen Quellen.

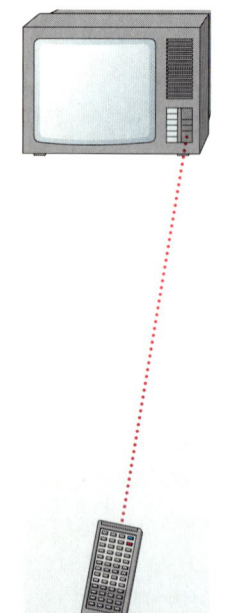

Fernbedienung

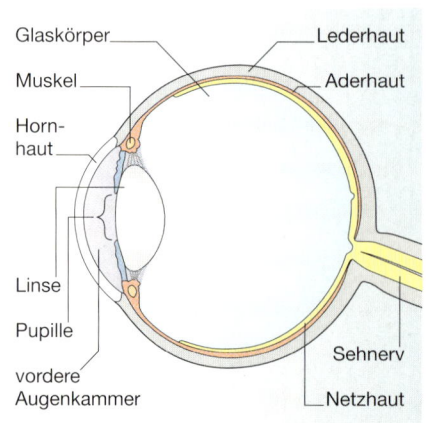

1 Der Aufbau unserer Augen

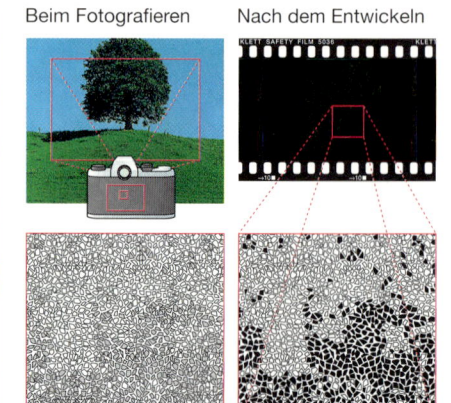

Beim Fotografieren   Nach dem Entwickeln

2 Das Licht verändert die Körnchen.

Energie unterwegs mit Licht

VERSUCHE

Energie kann zum Beispiel mit dem elektrischen Strom oder mit der Wärmestrahlung transportiert werden. Ist das auch mit Licht möglich?

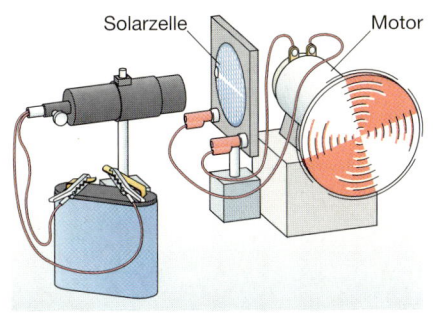

1 Strom durch Licht   *2 Licht kann Energie transportieren.*

① Auf Parkplätzen stehen oft Parkscheinautomaten wie in Abb. ▶ 1. Mit Solarzellen – den glänzenden Platten oben am Mast – wird Sonnenlicht genutzt, um den Parkscheinautomaten mit elektrischem Strom zu versorgen. Dieser Strom lädt auch einen Akku im Inneren auf.

② Bei dem Versuch in Abb. ▶ 2 setzt sich der Motor in Bewegung, sobald Licht von der Lampe auf die Solarzelle fällt.

③ Ein großer Hohlspiegel bündelt das Sonnenlicht auf einen engen Raum. Ein Streichholz kann sich dort entzünden. Mit einer großen Linse, einem „Brennglas", lässt sich Papier im Sonnenlicht entzünden.

Licht und Energie

In dem Versuch von Abb. ▶ 2 zeigt die Drehbewegung an, dass in dem Motor Energie umgesetzt wird. Diese Energie bezieht der Motor letztlich von der Batterie: sie gibt ihre Energie mit dem elektrischen Strom an die Glühlampe ab. Hier wird die Energie umgesetzt; mit dem Licht gelangt sie zur Solarzelle. Dort wird sie abermals umgesetzt und erreicht mit dem elektrischen Strom den Motor (Abb. ▶ 3).
<u>Glühlampe und Solarzelle setzen Energie um. Energie kann auch mit Licht transportiert werden.</u>

Ein Teil der Energie, die von der Batterie abgegeben wird, erreicht den Motor jedoch nicht. In der Glühlampe wird zum Beispiel ein Teil der Energie zur Temperaturerhöhung des Lampengehäuses und der Luft abgezweigt. Bei Energiesparlampen ist dieser Energieanteil kleiner als bei normalen Glühlampen.

Immer häufiger werden Solarzellen statt Batterien zum Betrieb kleiner elektrischer Geräte, etwa bei Solartaschenrechnern oder Uhren, eingesetzt. Sie beziehen ihre Energie nicht nur umsonst von der Sonne, sie ersparen uns auch die Herstellung und Entsorgung der Batterien.

Energie, die durch das Licht von der Sonne zur Erde transportiert wird, spielt nicht nur bei Solarzellen eine Rolle: Licht wird auch von Körpern absorbiert und lässt dadurch ihre Temperatur steigen. Dieser Vorgang ist für unser Klima von entscheidender Bedeutung – bei Solarheizungen wird er auch technisch genutzt.

Die Pflanzen benötigen die Sonnenenergie zur Herstellung des Zuckers, den sie zum Leben brauchen. In der Medizin nutzt man die im Licht des Lasers enthaltene Energie z. B. zum Zusammenschweißen von Körpergewebe.

Batterie wird leer	elektrischer Strom	Licht	elektrischer Strom	Motor dreht die Scheibe
elektrische Quelle gibt Energie ab	Energie geht über →	**Lampe** Energie wird umgesetzt	Energie geht über →	**Solarzelle** Energie wird umgesetzt	Energie geht über →	**Motor** nimmt Energie auf

3 Übersicht zur Energieumsetzung

Lichtquelle und Lichtempfänger **63**

AUFGABEN

Heimversuche

1 Wir erzeugen ein Spektrum

Suche Glasgegenstände, mit denen man ein Spektrum erzeugen kann, wenn man sie ins Licht der Sonne oder einer Taschenlampe hält. Welche Form haben solche Gegenstände?

2 Der geheimnisvolle Fettfleck

Erzeuge auf einem Papierblatt einen Fettfleck, beleuchte ihn von einer Seite und betrachte ihn von beiden Seiten. Schreibe ein Versuchsprotokoll. Erkläre die beobachteten Unterschiede.

3 Ein selbstgemachter Regenbogen

Erzeuge mit dem Gartenschlauch einen feinen Sprühnebel. Probiere aus, wo sich dein Auge in Bezug auf Sonne und Sprühnebel befinden muss, damit es einen Regenbogen sieht.

4 Absorbieren von Licht

Beleuchte im abgedunkelten Raum ein Blatt Papier mit der Taschenlampe. Halte dann eine, zwei, viele Klarsichtfolien vor die Lampe. Erkläre die Veränderungen auf dem Blatt Papier.

Fragen

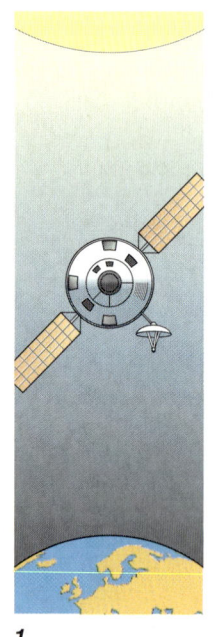

Zum Sehen

① Du bist Astronaut und schaust nacheinander aus den drei Fenstern deiner Weltraumstation (Abb. ▶ 1). Was siehst du? Begründe deine Antwort.

② In einem dunklen Raum beobachtest du von der Seite, wie jemand Licht auf ein weißes Papier und auf einen Spiegel fallen lässt. Warum sieht das Papier hell aus und der Spiegel dunkel?

③ Nenne Beispiele für: durchscheinende, durchsichtige und undurchsichtige Körper.

④ Warum haben Krankenwagen hinten Milchglasscheiben?

⑤ Wie funktioniert eine Sonnenbrille? Welche Eigenschaften müssen die Gläser besitzen, damit man alles in den richtigen Farben sieht?

⑥ Nenne Beispiele von Körpern, an denen Licht **a)** gerichtet, **b)** ungerichtet reflektiert wird.

⑦ Woher kommt es, dass Wolken weiß, grau oder auch schwarz erscheinen?

⑧ Wenn du nach Einbruch der Dunkelheit von innen gegen eine Fensterscheibe blickst, siehst du dein Spiegelbild, tagsüber aber kaum. Warum?

⑨ Schreibe möglichst viele Regenbogenfarben in der richtigen Reihenfolge auf! Welche Farben bilden den Rand des Spektrums?

⑩ Sicher hast du schon einmal eine Laterne oder ein Fensterbild aus Transparentpapier gebastelt. Wie entstehen die schönen Farben?

⑪ Wieso sieht ein Pullover gelb aus, der andere blau?

⑫ Zeichne ein Fahrrad. Markiere mit Kreisen die Stellen für Lichtquellen und mit Kreuzen die für Reflektoren!

⑬ Nenne Sicherheitseinrichtungen im Verkehr, die mit Licht zu tun haben. Ordne nach Lichtquellen und nach beleuchteten Körpern.

Zu Lichtempfänger

⑭ Zeichne die Katze (Abb. ▶ 2), wie sie am Tag aussieht.

⑮ Anders als beim Menschen sind die Augen vieler Vögel seitlich am Kopf angebracht. Was ändert das beim Sehen (Abb. ▶ 3)?

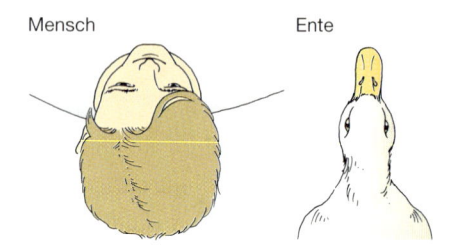

3 Augen bei Mensch und Ente

Zu Energie unterwegs mit Licht

⑯ In welchen Ländern könnte man mit Solarzellen besonders viel elektrische Energie gewinnen?

⑰ In welcher Richtung sollte ein Sonnenkollektor aufgestellt werden?

⑱ Die von Licht oder Wärmestrahlung transportierte Energie kann die Temperatur von Körpern erhöhen. Nenne dafür Beispiele aus Natur und Technik.

1

2 Katze bei Nacht

64 Lichtquelle und Lichtempfänger

Ausbreitung des Lichtes

Der Mond zeigt sich in vielen Formen

Das Aussehen des Mondes ändert sich täglich. Beobachte ihn mehrere Tage hintereinander, zeichne seine Form und notiere das Datum. Nach welcher Zeit wiederholen sich die Bilder?
Das Fernglas enthüllt interessante Einzelheiten: Mondkrater und dunkle Gebiete („Maria", Einzahl „Mare").

Nützliche und störende Schatten

Schatten können für uns wohltuend sein – wie für die Leute in diesem sommerlichen Straßencafe. In Ländern mit sehr starker Sonneneinstrahlung sind Schatten für Menschen und Tiere sogar lebensnotwendig. Schatten können auch stören: etwa beim Schreiben, beim Lesen oder bei Arbeiten, die sehr genaues Sehen erfordern.

Ungewöhnliche Bilder

Nimm eine leere Konservendose mit Boden, aber ohne Deckel und ohne scharfe Kanten (Verletzungsgefahr!). Bringe mit einem Milchdosenöffner in der Mitte des Bodens ein Loch mit etwa 3 mm Durchmesser an und spanne über die offene Seite der Dose durchscheinendes Papier! Wenn du dich mit der Dose an ein Fenster stellst und den durchbohrten Boden nach vorn richtest, erkennst du auf dem durchscheinenden Papier ungewöhnliche Bilder.

Licht breitet sich geradlinig aus

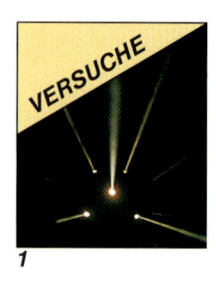

VERSUCHE

① Beobachte die Lichtkegel von Scheinwerfern bei Dunst oder Nebel! Sie sind geradlinig begrenzt.

② Eine Glühlampe mit kleinem Glühdraht lässt enge Lichtbündel durch Löcher in einem Pappkarton austreten. Durch Rauch oder versprühtes Wasser wird die geradlinige Ausbreitung des Lichtes sichtbar (Abb. ▶ 1).

③ Lege ein Blatt Papier auf eine Styroporplatte und stecke zwei Stecknadeln durch das Papier in die Platte. Halte die Platte so, dass du mit einem Auge direkt über dem Papier die Nadeln genau hintereinander siehst! Stecke weitere Nadeln so ein, dass du sie genau hintereinander siehst! Überprüfe anschließend mit dem Lineal, ob die Einstichstellen auf einer Geraden liegen!

1

Lichtbündel und Lichtstrahlen

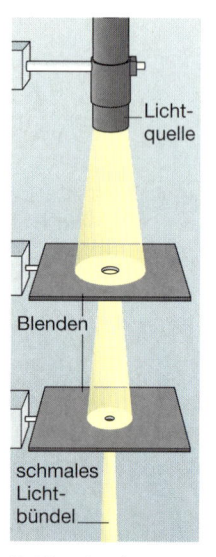

Scheinwerfer lassen das Licht der eingebauten Lichtquelle meist nur in bestimmte Richtungen austreten. Sie erzeugen ein Lichtbündel. Auch das Sonnenlicht, das durch das Fenster ins Zimmer gelangt, oder das Licht einer Lampe, das durch einen Türspalt oder wie in Abb. ▶ 2 durch die Öffnung einer Blende fällt, bildet ein **Lichtbündel**. Bringt man Rauch oder fein versprühtes Wasser in den Lichtweg, so erkennt man:

Lichtbündel sind stets geradlinig begrenzt.

Hält man nach der ersten Blende wie in Abb. ▶ 2 eine zweite mit kleinerer Öffnung, so erhält man ein schmaleres Lichtbündel. Sein Licht gehörte auch schon zu dem breiteren Lichtbündel. In Gedanken kann man immer engere Blenden aufstellen und immer schmalere Lichtbündel erzeugen. Allerdings wird die Helligkeit dabei auch immer geringer. Das schmalste Lichtbündel, das man sich überhaupt vorstellen kann, nennt man einen **Lichtstrahl**. Bei Versuchen mit Licht werden anstelle von Lichtstrahlen schmale, aber immer noch ausreichend helle Lichtbündel benutzt.

Reflexion an Spiegeln

Licht wird mehr oder weniger vollständig reflektiert, wenn es auf Körper trifft. Für die gerichtete Reflexion des Lichts an einem Körper kann man eine Gesetzmäßigkeit finden.
Man betrachtet dazu stellvertretend für einen Lichtstrahl ein schmales Lichtbündel, das auf einen ebenen Spiegel fällt (Abb. ▶ 3). Die Richtung des Lichtbündels vor der Reflexion wird durch den Einfallswinkel α festgelegt. Dieser Winkel wird gemessen zwischen Lichtbündel und Einfallslot – das ist die Senkrechte zum Spiegel im Auftreffpunkt des Lichtbündels. Entsprechend misst man den Reflexionswinkel α' zwischen Einfallslot und reflektiertem Lichtbündel.
Misst man α' für verschiedene Werte von α, so findet man ein Gesetz:
Wenn ein Lichtstrahl an einem ebenen Spiegel reflektiert wird, dann sind Einfallswinkel α und Reflexionswinkel α' stets gleich groß, es gilt $\alpha = \alpha'$.

Bewegt man den Spiegel, so verändert man den Einfallswinkel α und dadurch auch den Reflexionswinkel α'. So kann man den reflektierten Lichtstrahl in jede gewünschte Richtung lenken.

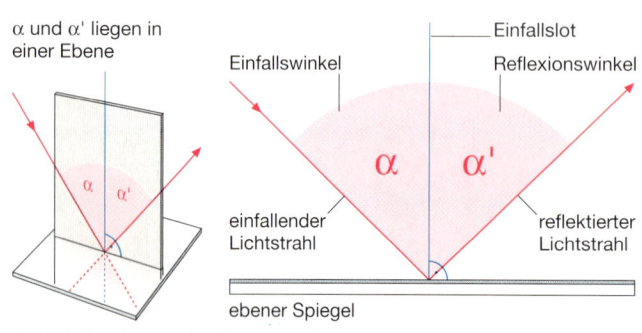

2 Blenden begrenzen Lichtbündel.

α und α' liegen in einer Ebene

3 Einfallender und reflektierter Strahl bei einem ebenen Spiegel

66 Ausbreitung des Lichtes

Wir bauen eine Lochkamera und fotografieren damit

Ein Vorgänger des Fotoapparats ist die Lochkamera. Sie wurde schon von Leonardo da Vinci (1452 – 1519) beschrieben und früher von Malern benutzt, um z. B. Landschaften abzumalen.

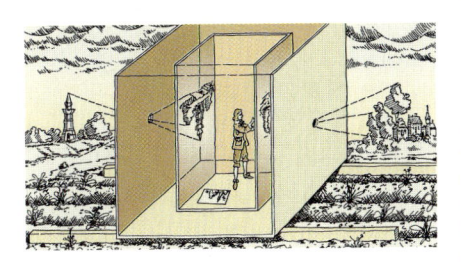

Sie besteht aus einem lichtundurchlässigen Kasten, bei dem in die vordere Wand ein kleines Loch gebohrt ist. Ersetzt man die Rückwand durch einen durchscheinenden Schirm, so sind auf ihm alle Gegenstände vor der Lochkamera, die Licht aussenden, zu erkennen. Dabei sind sowohl rechts und links als auch oben und unten gegenüber dem Gegenstand vertauscht.

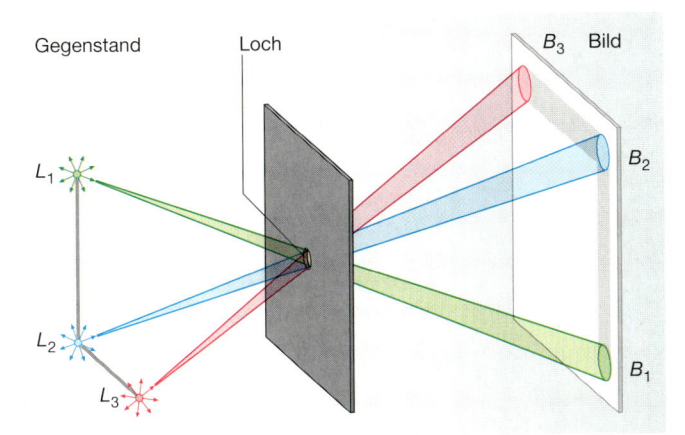

Ist das Loch in der Vorderwand größer, so wird das Bild heller. Zugleich werden die Lichtflecke größer und überlappen sich mehr. Dadurch wird das Bild unschärfer.

Die Lochkamera erzeugt von jedem lichtaussendenden Körper ein kopfstehendes und seitenverkehrtes Bild in den Farben des Körpers. Das Bild entsteht durch die geradlinige Ausbreitung von Lichtbündeln. Zum Fotografieren muss die Lochkamera eine lichtundurchlässige Rückwand haben, die sich aufklappen lässt. Das Loch in der Vorderwand soll sehr klein sein – der Durchmesser darf höchstens 1 mm betragen! Klebe dazu über ein vorher größeres Loch ein Stück Alufolie und stich das Loch mit einer Nadel in die Folie! Die Lochkamera soll mindestens 20 cm lang sein. Die Rückwand muss so groß sein, dass sie Fotopapier in der gewünschten Bildgröße aufnehmen kann (z. B. 13 cm breit, 9 cm hoch). Zum Fotografieren muss die Kamera im Dunkeln oder bei Rotlicht mit einem Blatt Fotopapier „geladen" werden, das du im Fotogeschäft kaufen kannst. Befestige es – etwa mit Reißzwecken – innen auf der Rückwand mit der glatteren „Schichtseite" nach vorn. Verschließe das Loch und stelle die Kamera vor dem Gegenstand auf, den du fotografieren willst. Gib nun das Loch für einige Minuten frei – die richtige Zeit kann man nur durch Probieren finden.

Anschließend wird das Fotopapier bei Rotlicht aus der Kamera genommen und dann „entwickelt". Dabei musst du dir von einem Erwachsenen helfen lassen oder zum Fotogeschäft gehen. Bei richtiger Belichtung erhältst du ein „Negativbild" wie in Abb. ▶ 2.

1 Die geradlinige Lichtausbreitung erklärt die Entstehung und die Lage des Bildes.

Abb. ▶ 1 zeigt, wie diese Bilder zustande kommen:
Von jedem lichtaussendenden Punkt des Gegenstandes gelangt ein schmales Lichtbündel in die Lochkamera. Es wird von dem Loch in der Vorderwand begrenzt und erzeugt auf dem durchscheinenden Schirm einen Lichtfleck. Alle Lichtflecke zusammen ergeben das Bild auf dem Schirm.

2 „Negativbild" mit einer Lochkamera aufgenommen.

Ausbreitung des Lichtes

VERSUCHE

Licht und Schatten

① Mit einer hellen Lampe und einem Bettlaken kannst du ein Schattentheater wie in Abb. ▶1 einrichten. Bei größerem Abstand der Schauspieler vom Bettlaken entstehen Riesen! Probiere aus, ob man auch Zwerge machen kann.

② Wir beleuchten verschiedene Körper mit einer einzelnen Glühlampe mit ganz kurzer Glühwendel. Wir halten ein großes Blatt Papier hinter den Körper und finden auf diesem ein scharf begrenztes Schattenbild des Körpers. Wir stellen auch fest, dass ein ganzer Raumbereich hinter dem Körper dunkel ist.

③ Wir wiederholen den Versuch 2, benutzen aber jetzt zwei Glühlampen, deren Abstand kleiner ist als die Breite des Körpers. Auf dem Papier sehen wir nun schwarze, graue und ganz helle Bereiche. Wir schalten auch abwechselnd eine der beiden Lampen aus.

④ Im Versuch 3 verändern wir den Abstand der beiden Lichtquellen so, dass er

1 Das Schattentheater

größer als die Breite des Körpers ist. Mit dem Papierblatt stellen wir fest, dass der ganz dunkle Bereich hinter dem Körper spitz zuläuft und ein Ende hat! Hinter diesem Ende finden wir sogar wieder einen ganz hellen Raumbereich!

Schattenraum und Schattenbild

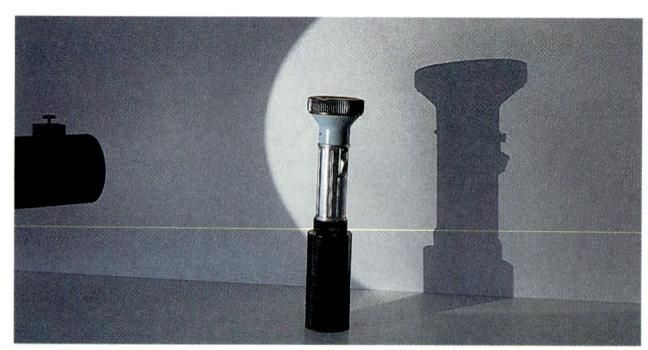

Trifft ein Lichtbündel auf einen lichtundurchlässigen Körper, so bleibt der Raum hinter dem Körper dunkel — das Licht kann sich ja nur geradlinig ausbreiten (Abb. ▶2)! Dieser lichtfreie Bereich hinter dem Körper heißt **Schattenraum**. Er wird von **Randstrahlen** des Lichtbündels begrenzt. Erst wenn das an dem Körper vorbeigehende Licht auf eine Wand oder einen Schirm trifft, erkennt man den lichtfreien Bereich als **Schattenbild** des Körpers.
<u>Beleuchtet man einen undurchsichtigen Körper von einer Seite, so bleibt wegen der geradlinigen Lichtausbreitung ein Bereich hinter dem Körper ohne Licht, der Schattenraum.</u>

Das Schattenbild hat nur dann einen scharfen Rand, wenn die Lichtquelle sehr klein — nahezu punktförmig — ist. Die kurze Glühwendel der Glühlampe erfüllt diese Bedingung recht gut. Ausgedehnte Lichtquellen ergeben verschwommene Schattenränder.

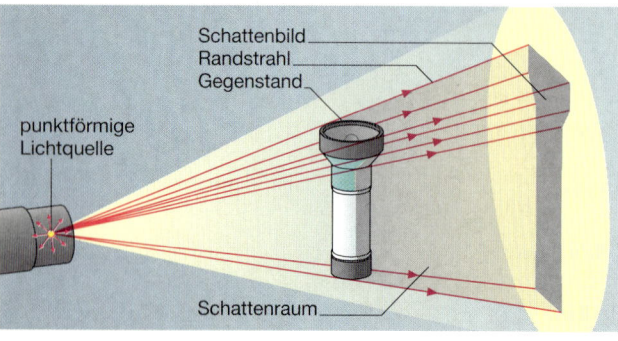

2 Hinter dem Gegenstand ist ein lichtloser Raum.

Ausbreitung des Lichtes

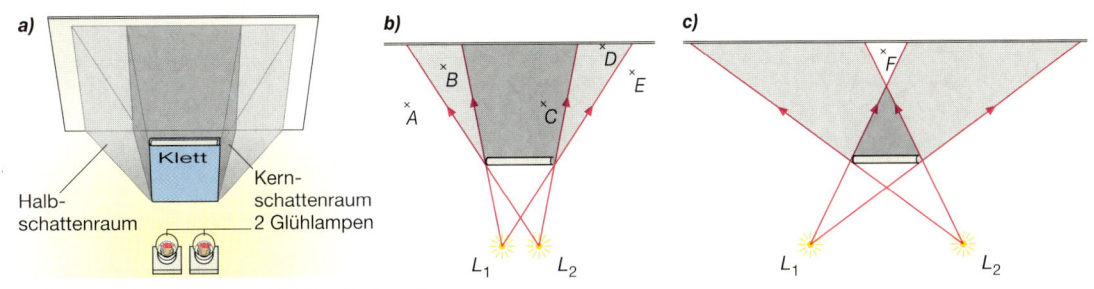

1 So entstehen Kern- und Halbschattenräume.

Kernschatten und Halbschatten

Beleuchtet man einen Körper gleichzeitig mit zwei punktförmigen Lichtquellen, so erhält man komplizierte Schattenräume (Abb. ▶ 1).
Zwischen einem dunklen Gebiet in der Mitte, dem **Kernschattenraum**, und hell beleuchteten Außenbereichen liegt schwach beleuchtetes Gebiet — der **Halbschattenraum**.

Von jeder der beiden Lichtquellen L_1 und L_2 geht ein Lichtbündel aus. L_1 erzeugt einen Schattenraum hinter dem Körper und ebenso L_2.
Zu den Punkten A und E gelangt das Licht von beiden Lichtquellen — sie gehören zu den hell beleuchteten Gebieten. Zu Punkt B gelangt nur das Licht von L_1. Deshalb ist es bei B weniger hell als bei A. B gehört zum Halbschattenraum. Umgekehrt wird D nur vom Licht von L_2 erreicht. Auch D gehört zu einem Halbschattengebiet. Zu C gelangt das Licht weder von L_1 noch von L_2. C liegt im Kernschattenraum.
Zwei punktförmige Lichtquellen erzeugen hinter einem undurchsichtigen Körper einen Kernschattenraum und Halbschattenräume.

Zu den Punkten im Kernschattenraum gelangt das Licht von keiner der beiden Lichtquellen. Punkte im Halbschattenraum werden nur vom Licht einer der beiden Lichtquellen erreicht.

Im Versuch nach Abb. ▶ 1c haben die beiden Lichtquellen einen Abstand, der größer ist als die Breite des Körpers. Dann ist der Kernschattenraum begrenzt. Punkt F erhält Licht von beiden Lichtquellen!

Große und kleine Schatten

Die Größe des Schattenbildes hängt von der Größe des Körpers ab, der den Schatten erzeugt. Aber auch die Abstände Lichtquelle–Körper und Körper–Schirm beeinflussen die Schattengröße!

Abb. ▶ 2 zeigt, dass der gleiche Körper einen größeren Schatten erzeugt, wenn sein Abstand zur Lichtquelle kleiner ist. Das Schattenbild eines Körpers wird umso größer, je kleiner sein Abstand von der Punktlichtquelle ist. Es ist bei einem größeren Körper größer als bei einem kleineren.

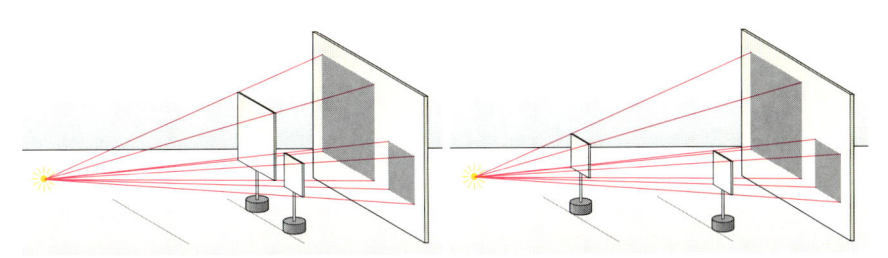

2a Größe von Gegenstand und Schatten   **b** Schattengröße und Abstände

Tag und Nacht

Abb. ▶1 zeigt dir, wie man die Erde aus einer Raumstation im Weltall sieht: eine Kugel, die frei im Raum schwebt und von der Sonne beleuchtet wird. Aber nur eine Seite der Erde ist beleuchtet – die andere Seite liegt im Schattenraum. Das bedeutet, dass zum gleichen Zeitpunkt auf einem Teil der Erde Tag ist, auf dem anderen Teil Nacht (Abb. ▶2).

Einmal in 24 Stunden dreht sich die Erde um ihre Achse, die durch den Nord- und den Südpol verläuft. Wir drehen uns dabei mit und durchfahren abwechselnd die Tag- und die Nachtseite. In Abb. ▶2 wird es für die Menschen in Europa gerade Abend. Wenn sie nach Westen schauen, haben sie den Eindruck, dass dort die Sonne untergeht. Nach etwa 12 Stunden sind sie mitsamt ihrem Kompass durch den Schattenraum gereist. Es dämmert. Schauen die Europäer dann nach Osten, sehen sie dort die Sonne aufgehen.

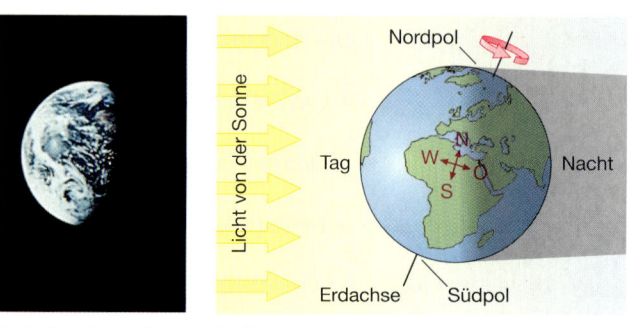

1 Beleuchtete Erde im Weltraum

2 So entstehen Tag und Nacht.

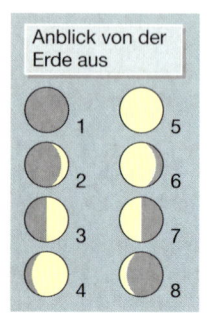

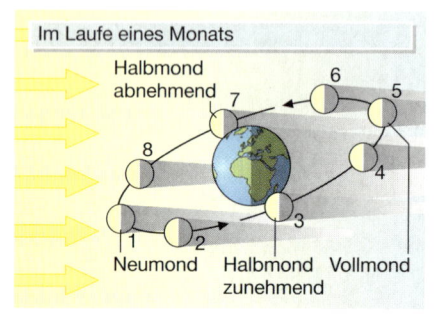

Die Mondphasen

Den Mond sehen wir in verschiedenen Formen oder „Phasen": Als Sichel, Halbmond, Vollmond. Jede Phase wiederholt sich nach 29,5 Tagen, also etwa nach einem Monat.
Stelle dich in Abb. ▶3 in Gedanken auf den Nordpol und blicke von da aus zum Mond (drehe das Buch entsprechend). Du erkennst, dass für den Betrachter auf der Erde z. B. in Stellung 7 die linke Mondhälfte, in Stellung 3 die rechte leuchtet. Bei Neumond sehen wir auf die von der Sonne nicht beleuchtete Mondseite.

3 Die Mondphasen: wir sehen nur einen Teil der beleuchteten Mondoberfläche.

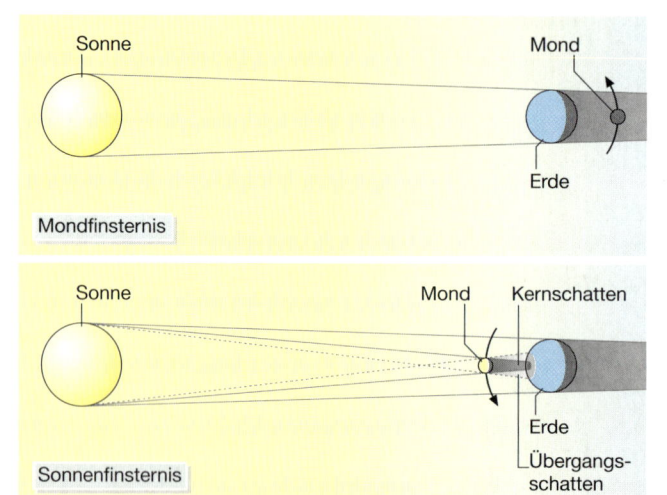

Mond- und Sonnenfinsternisse

In Abb. ▶3 siehst du, dass der Mond auf einer schräg liegenden Bahn um die Erde herumläuft. Da die Schräglage sich regelmäßig verändert, kann es vorkommen, dass der Mond den Kernschattenraum der Erde durchläuft (Abb. ▶4a). Obwohl er sich dann in Vollmondstellung befindet, kann man ihn nicht sehen! Dieses Ereignis heißt Mondfinsternis.
In ähnlicher Weise kann es zu einer Sonnenfinsternis kommen. Sie erschreckte die Menschen früher sehr, denn sie konnten sich nicht erklären, warum es mitten am Tage plötzlich finster wurde! Bei der Sonnenfinsternis befindet sich ein Teil der Erdoberfläche im Schattenraum des Mondes (Abb. ▶4b). Die Menschen im Kernschattenraum erleben völlige Finsternis, denn der Mond verdeckt die Sonne. Für die im Übergangsschatten ist die Sonne nur teilweise verdeckt.

4 Mond- und Sonnenfinsternis

Ausbreitung des Lichtes

AUFGABEN

Beispiel
Zeichne das Lichtbündel, das aus dem Gehäuse austritt. Welche Punkte liegen im Schattenraum?

Lösung
Die Punkte A und C liegen im Schattenraum. Der Punkt B ist beleuchtet.

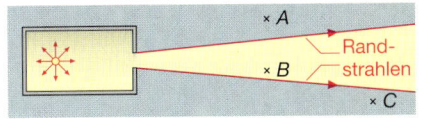

Heimversuche und Erkundungen

1 Schattenbilder
Benutze ein rechteckiges Heft als Schattenkörper. Halte es in verschiedene Richtungen zwischen Lichtquelle und Wand. Welche Schattenformen lassen sich erzeugen? Zeichne sie!

2 Versuche mit der Lochkamera
Baue eine Lochkamera, wie auf S. 67 beschrieben. Ersetze die kreisförmige Öffnung durch andere Formen: ■ ▲
a) Prüfe mit einer kleinen Glühlampe: Wie ändern sich die Lichtflecke?
b) Prüfe mit anderen Licht aussendenden Gegenständen: Ändern sich die Bilder?

3 Der Bau eines Tripelspiegels
Du benötigst drei rechteckige, ebene Spiegel und einen festen Pappkarton. Befestige die drei Spiegel im Innern des Pappkartons in einer Ecke. Schneide die Teile des Kartons weg, die nicht von den Spiegeln bedeckt werden. Untersuche die Eigenschaften dieser Spiegelkombination mit dem Lichtbündel einer Taschenlampe.

4 Mondfinsternis
Führe mit einem Globus, einer Lampe und einem Ball einen Versuch zur Mondfinsternis durch. Zeige, wie der Mond ganz oder nur zum Teil verfinstert werden kann.

5 Wir bauen eine Sonnenuhr!
Ein in die Erde gesteckter Stab wirft einen Schatten, dessen Richtung von der Stellung der Sonne und damit von der Tageszeit abhängt. Nur wenn man den Stab so aufstellt, dass er parallel zur Erdachse verläuft, zeigt der Schatten im Frühjahr wie im Herbst, im Sommer wie im Winter zur gleichen Tageszeit auch immer in die gleiche Richtung.

Mache dir mit einem Streichholz an einem Globus klar, wie der Stab an verschiedenen Stellen auf der Erde aufgestellt werden muss!
Du erhältst die richtige Stellung des Schattenstabes, wenn dieser so aufgestellt wird, wie es Abb. ▶1 zeigt:

1. Bestimme mit einem Kompass die Nordrichtung!
2. Der Stab muss mit der Grundebene einen Winkel bilden, der gleich der „geographischen Breite" deines Heimatortes ist! Diesen Winkel kannst du den Karten in deinem Schulatlas entnehmen (Beispiel: Köln 51°, Münster 52°)!
Benutze als Schattenstab entweder einen Holzstab, den du in die Erde steckst, oder einen dicken Draht auf einer Holzplatte, den du in die angegebene Richtung biegst!

Zeichne an einem sonnigen Tag zu jeder vollen Stunde den Schatten nach und schreibe die Zeit daran – damit ist die Sonnenuhr fertig.
Da die Sonne im Sommer höher am Himmel steht als zur gleichen Tageszeit im Winter, kann man an der Schattenlänge auch noch ungefähr das Datum ablesen.

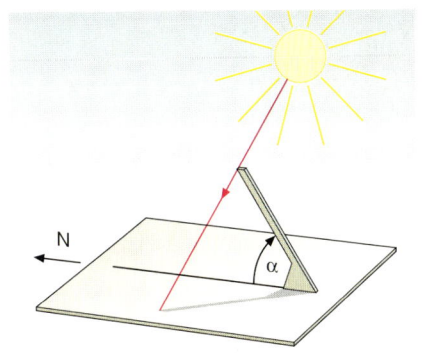

1 Bau einer Sonnenuhr – der Winkel α ist gleich der geographischen Breite.

Ausbreitung des Lichtes

Fragen

Licht breitet sich geradlinig aus

① Um gerade Linien im Gelände festzulegen, brauchen Landvermesser ein kleines Fernrohr auf einem Gestell (einen „Theodolit") und einen Helfer mit einer rot-weiß gestrichenen Stange. Über ein Kreuz im Fernrohr sieht man in eine genau eingestellte Richtung. Was müssen der Landvermesser und sein Gehilfe nun tun, um Punkte auf der geraden Linie zu kennzeichnen (Abb. ▶ 1)?

② Welche Punkte in Abb. ▶ 2 erreicht das Licht von der Lichtquelle? Welche befinden sich im Schatten? Von welchen Punkten aus kann man die Lichtquelle sehen?

Zu Licht und Schatten

③ Zu verschiedenen Tageszeiten ist dein Schatten im Sonnenlicht verschieden lang. Wann ist er besonders lang? Wann ist er besonders kurz? Zeichne!

④ Übertrage Abb. ▶ 3 in dein Heft! Konstruiere dann die Schattenräume! Welche der Punkte A ... G liegen im Kernschatten, im Halbschatten? Zu welchen Punkten gelangt das Licht a) nur von Lichtquelle 1, b) nur von Lichtquelle 2, c) von beiden Lichtquellen, d) von keiner Lichtquelle?

⑤ Nimm an, bei uns sei es gerade 12 Uhr mittags. Benutze einen Globus oder eine Weltkarte, um Orte zu suchen, bei denen, a) ebenfalls 12 Uhr mittags, b) Mitternacht, c) Sonnenaufgang, d) Sonnenuntergang ist!

⑥ Den Mond kann man nicht nur nachts, sondern manchmal auch tagsüber sehen. Zeichne für einen solchen Fall Sonne, Mond und Erde. Zeichne daneben den Mond so, wie wir ihn dann von der Erde aus sehen!

⑦ Bei welcher Mondphase kann eine Sonnenfinsternis und bei welcher kann eine Mondfinsternis eintreten?

⑧ Warum gibt es nicht bei jedem Mondumlauf um die Erde eine Sonnen- und eine Mondfinsternis?

⑨ Zeichne eine Lochkamera, Länge 4 cm, und einen 2 cm hohen Gegenstand 3 cm vor der Kamera. Zeichne das Bild! Wiederhole dies, wenn a) der Gegenstand 4 cm entfernt ist, b) der Gegenstand 1 cm groß und 3 cm entfernt ist, c) der Gegenstand 3 cm entfernt und 2 cm groß ist und die Kamera die Länge 2 cm hat.

Weitere Probleme

⑩ Zeichne einen Spiegel und einen Lichtstrahl, der unter einem Winkel von $\alpha = 20°$ auf den Spiegel fällt. Bestimme dazu den reflektierten Strahl! Zeichne in die gleiche Zeichnung mit anderen Farben den einfallenden und reflektierten Strahl für $\alpha = 40°$, 60° und 80° ein!

⑪ Zeichne zwei Spiegel, die einen Winkel von 45° bilden und einen Strahl, der im Winkel $\alpha = 70°$ auf den einen Spiegel trifft, wie bei der Figur in der Randspalte. Bestimme den weiteren Verlauf des Lichtes unter Verwendung eines Winkelmessers nach der Reflexion am ersten und danach am zweiten Spiegel! Wiederhole die Konstruktion mit $\alpha = 45°$. Was fällt dir am Ergebnis auf?

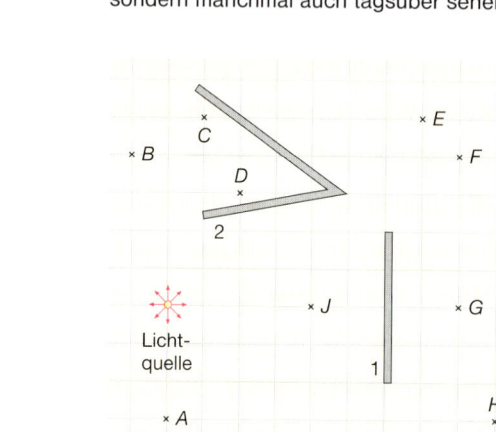

1

2 Die undurchsichtigen Körper 1 und 2 behindern die Lichtausbreitung.

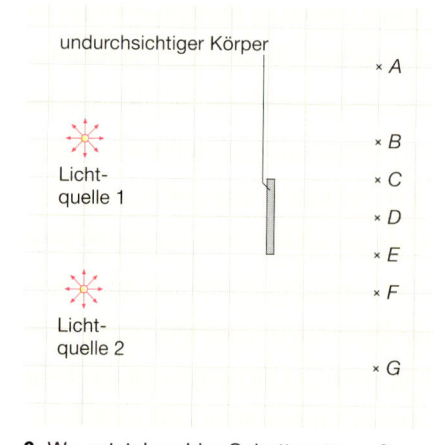

3 Wo entstehen hier Schattenräume?

72 Ausbreitung des Lichtes

Energie

Aus Omas Kochbuch:

Reis im Bett
Lasse 250 g Milchreis in
1 L Milch mit 100 g Zucker
unter Rühren aufkochen.
Packe den Topf fest in
Zeitungspapier, umwickle
das Ganze mit einem
großen Handtuch. Stelle
den Topf so ins Bett
und decke ihn mit
dem Federbett zu. Nach
ca. 3 Stunden ist der
Milchreis fertig, heiß und
kein bißchen angebrannt.

Der Energiehunger der Menschheit ist groß. Ganze Landstriche fallen ihm zum Opfer. Auch wenn der Energiebedarf nicht weiter steigen sollte, werden die Vorräte an Kohle, Erdöl und Erdgas nur noch für einige Generationen reichen.
Werden dann die Lichter ausgehen und keine Autos mehr fahren?

Wir werden lernen müssen, Energie auf andere Weise zu beziehen, vor allem aber sparsam mit ihr umzugehen.

Transport und Speicherung von Energie

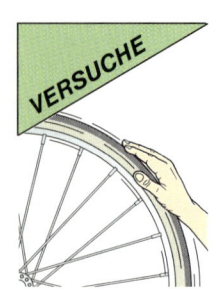

Woher stammt die Energie, wie wird sie transportiert, wohin geht sie? Untersuche dies bei den folgenden Versuchen.

① Stelle dein Fahrrad umgekehrt, d. h. mit Sattel und Lenkstange auf den Boden. Versetze den Vorderreifen deines Fahrrads in Schwung. Bremse ihn nun ab, indem du mit den Händen vorsichtig an den Felgen anfasst. Die Hände werden dabei erwärmt.
Schalte nun den Dynamo ein; setze den Vorderreifen wieder in Schwung. Er kommt nun schneller zum Stehen als vorher. Wie lange dreht er sich, wenn die Glühlampen herausgeschraubt sind?

② Wenn die Lampe in Abb. ▶2 eingeschaltet ist, wird das Gewichtsstück hochgezogen.

③ In Abb. ▶3 leuchtet die Glühlampe auf, wenn das Gewichtsstück am Seil nach unten sinkt.

④ Im Pumpspeicherwerk aus Abb. ▶4 wird tagsüber das Wasser im höher gelegenen See zum Antreiben von Turbinen und Generatoren (großen Dynamos) benutzt. Nachts pumpt man das Wasser wieder hoch; hierzu benutzt man Energie von anderen Kraftwerken.

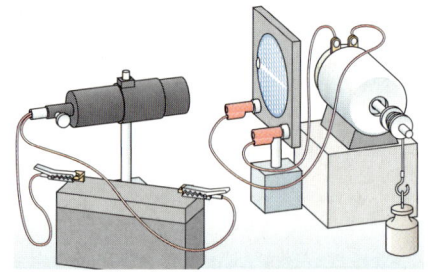

VERSUCHE

1 Bremsen mit der Hand

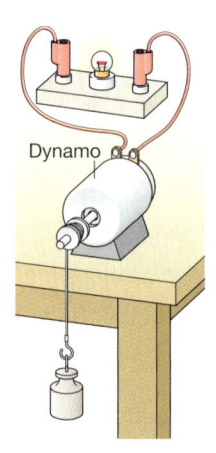

3 Zu Versuch 4

2 Zu Versuch 3

4 Pumpspeicherwerk

Speicher und Umsetzer

Wenn man ein Rad mit der Felgenbremse abbremst, werden die Bremsbacken warm. Die Energie stammt von dem sich drehenden Rad. Auf ähnliche Weise kann man nachweisen, dass jeder bewegte Körper Energie besitzt. Je schneller er ist, desto größer ist seine Energie.

Auch hoch gelegene Körper besitzen Energie. Diese Energie können sie zum Beispiel über einen Dynamo an eine Glühlampe abgeben (Abb. ▶3). Umgekehrt kann man die Energie des Körpers vergrößern, indem man ihn höher hebt (Abb. ▶2).

Ein hochgehobener Körper kann die Energie *beliebig lange* halten und bei Bedarf abgeben. Man sagt: Er ist ein *Energiespeicher*. Weitere Energiespeicher sind: ein aufgeladener Akku, ein sich drehendes Schwungrad, eine aufgezogene Stahlfeder bei einem Spielzeugauto und erhitztes Wasser in einer Thermoskanne.

Dagegen gibt ein Elektromotor die zugeführte Energie *sofort in anderer Form* weiter. Er wird als *Energieumsetzer* bezeichnet. Weitere Energieumsetzer sind Dynamo, Glühlampe und Solarzelle.

Zwischen den Speichern und Umsetzern kann die Energie auf verschiedene Weise transportiert werden, zum Beispiel durch elektrischen Strom in Kabeln, sich drehende Achsen, Licht, Wärmestrahlung oder Wärmeleitung. Solche Transportvorgänge lassen sich übersichtlich in Diagrammen darstellen (siehe Abb. ▶1 auf der nächsten Seite).

74 Energie

elektrische Quelle	→ Energie geht über →	Lampe	→ Energie geht über →	Solarzelle	→ Energie geht über →	Motor	→ Energie geht über →	Gewichts-stück
Akku wird leer	elektrischer Strom		Licht		elektrischer Strom		Antrieb über Welle	Haken wird hoch-gezogen
gibt Energie ab		Energie wird umgesetzt		Energie wird umgesetzt		Energie wird umgesetzt		Energie nimmt zu

1 Energietransportkette

Zurück zur Sonne

Oft bekommen wir Energie mit dem elektrischen Strom über die Steckdose. Woher stammt diese Energie?

In Abb. ▶2 siehst du das Modell eines Kraftwerks, das mit einem Brennstoff (Gas oder Öl) betrieben wird. Die im Brennstoff enthaltene Energie wird verwendet, um Dampf zu erzeugen und mit ihm Turbinenrad und Dynamo anzutreiben.

Woher aber haben Brennstoffe, wie Kohle, Öl oder Erdgas, ihre Energie? Diese Brennstoffe sind aus Wäldern entstanden, die vor vielen Millionen Jahren von Erdmassen überdeckt worden sind. Zum Leben benötigen Pflanzen Zucker — genauso wie Tiere. Diesen Zucker finden sie nicht unter den Nährstoffen des Bodens; sie stellen ihn selbst aus Wasser und dem Kohlenstoffdioxid der Luft her. Dazu benötigen sie allerdings Energie aus dem Licht der Sonne. Letztlich bekommen Kraftwerke, die solche Brennstoffe benutzen, ihre Energie also auch von der Sonne.

Ebenfalls von der Sonne bekommen Sonnenkollektoren und Aufwindkraftwerke (Abb. ▶3) ihre Energie. Bei diesen Umsetzern können wir nur soviel Energie erhalten, wie sie die Sonne gerade liefert. Dagegen entnehmen wir den Brennstoffen die Energie bedeutend schneller, als sie von der Sonne geliefert wurde: In den letzten hundert Jahren haben wir einen großen Teil unserer Kohlelager ausgebeutet. Für diese Lager hatte die Sonne viele Millionen Jahre Energie gespendet. Man vermutet, dass diese Brennstoffe in einigen Generationen aufgebraucht sind, wenn wir sie weiterhin in demselben Ausmaße verbrauchen.

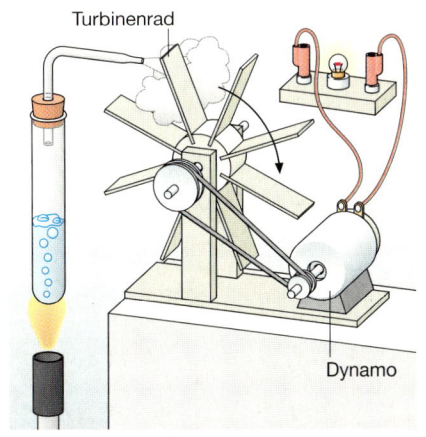

2 Modell eines Ölkraftwerks

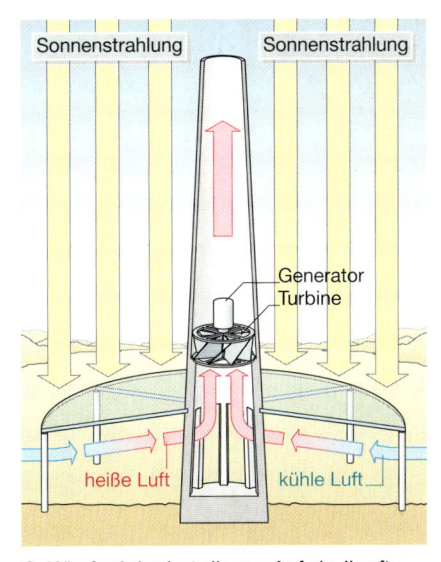

3 Wie funktioniert dieses Aufwindkraftwerk?

Energie

Entwertung von Energie

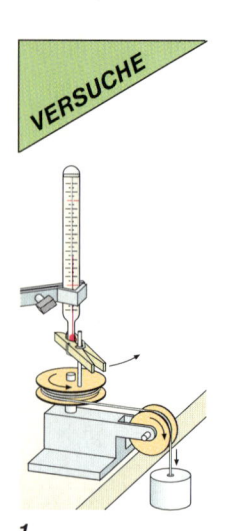

VERSUCHE

Der Fahrradfahrer in Abb. ▶ 2 erreicht ohne weiteren Antrieb nicht mehr die ursprüngliche Höhe. Wie in diesem Fall scheint die Energie bei vielen Vorgängen geringer zu werden.

① Wenn der Fahrradfahrer genügend stark bremst, kommt er im Tal zum Stehen. Wenn du die Bremsen anfasst, weißt du, wo sich die Energie nun befindet. Wo ist sie, wenn die Bremsen nach einiger Zeit abgekühlt sind?

② Bei dem Versuch in Abb. ▶ 1 wirken die Backen der Holzklammer wie Bremsen: Sie verzögern das Sinken des Gewichtsstücks. Beim Sinken verringert sich die Energie des Gewichtsstücks. Am Thermometer beobachten wir eine Temperaturerhöhung.

③ Rudi hat wieder eine neue Idee (Abb. ▶ 3): „Wenn ich diese Vorrichtung einmal in Schwung setze, läuft sie immer weiter und liefert Energie für die Glühlampe." Einmal angeworfen bleibt die Maschine aber bald stehen.

1

2 Wie hoch kommt der Radfahrer?

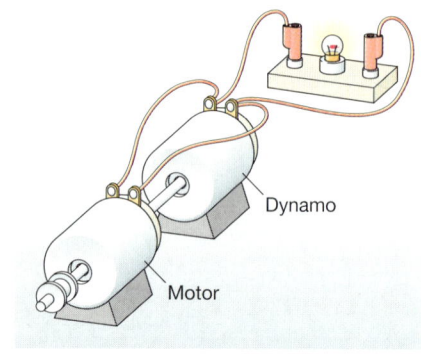

3 Kann Energie vermehrt werden?

Vorgänge mit Reibung

Der Fahrradfahrer in Abb. ▶ 2 erhöht die Temperatur seiner Umgebung geringfügig. Dies geschieht durch die Luftreibung und die Reibung in den Lagern oder bei den Bremsen. Die dabei an die gesamte Umgebung (Luft, Erde ...) abgegebene Energie fehlt ihm später, er erreicht nicht mehr seine alte Höhe. Ebenso ergeht es einem springenden Ball (Abb. ▶ 4).

Bei allen Vorgängen mit Reibung wird immer Energie abgezweigt, die die Temperatur der Umgebung erhöht. Diese Energieumsetzung kann nicht rückgängig gemacht werden: Es gibt zum Beispiel keine rückwärts ablaufende Bremse, die ein Fahrrad beschleunigt und dabei kälter wird, oder einen Ball, der von sich aus immer höher springt und dabei abkühlt. Mit der Energie der erwärmten Umgebung kann man auch auf andere Weise nichts antreiben oder hochheben. Sie ist zwar noch vorhanden, aber nicht mehr nutzbar. Man sagt: Sie ist **entwertet**. Energietransportketten enden dort, wo die Umgebung erwärmt wird; aus solchen Sackgassen kommt die Energie nicht mehr heraus (Abb. ▶ 5).
Bei Vorgängen mit Reibung verschwindet die Energie nicht. Ein Teil der Energie geht jedoch in die Umgebung und erhöht deren Temperatur; sie wird dabei entwertet.

Immer wieder haben Forscher durch Versuche wie in Abb. ▶ 3 versucht, die einmal in eine Vorrichtung gesteckte Energie (Anschub des Motors) nicht nur zu erhalten (Motor und Dynamo laufen immer weiter), sondern noch zu vermehren (Energieabgabe an das Lämpchen und an die Umgebung). Es ist ihnen nie gelungen.
Sie schlossen:
Bei keinem Vorgang nimmt die Energie insgesamt zu.

4

5 Hier gibt es kein Zurück.

76 Energie

Zu spät!

Cordula hat einen Stadtbummel gemacht. Sie hat noch 2,40 DM übrig. Das reicht gerade, um mit dem Bus nach Hause zu fahren. Sie kauft sich eine Fahrkarte und wartet auf den Bus. Neben der Haltestelle ist ein Kiosk. „Soll ich die Fahrkarte nicht lieber eintauschen und eine Tüte Bonbons kaufen?", denkt sie.

Aber da kommt schon der Bus und sie steigt ein. Zu Hause angekommen ärgert sie sich: „Den Heimweg hättest du ruhig laufen können; dann könntest du dir jetzt die Bonbons kaufen", sagt sie sich. Sie wendet sich an den Busfahrer und hält ihm die entwertete Busfahrkarte hin. „Ich möchte gern das Geld für die Fahrkarte zurückbekommen, dafür können Sie mich wieder am Kiosk absetzen".

Wird der Busfahrer das Geld zurückgeben?
Vergleiche das Entwerten der Buskarte bei der Fahrt mit dem Entwerten von Energie.

Energie sparen

Wir müssen sparsam mit unserer Energie umgehen. Diese oder ähnliche Aufforderungen hast du sicherlich schon häufiger gehört.

Energie sparen heißt Energieentwertung vermeiden: Die Energie wird zwar bei jeder Umsetzung weitergereicht, durch Reibungsvorgänge wird sie aber in vielen Fällen entwertet. Sie ist dann vergleichbar mit dem Schmutzwasser bei einer Waschmaschine; das Wasser ist zwar noch vorhanden, aber nicht so wie reines Wasser, z. B. zum Kochen weiter zu verwenden. Wertvolle Energie in Form von Brennstoffen steht jedoch nur in begrenztem Maße zur Verfügung. Deshalb müssen wir mit diesen Energievorräten sparsam umgehen.

Durch die Nutzung dieser Brennstoffe wird außerdem die Umwelt belastet: Beim Abbau von Braunkohle, z. B. sinkt der Grundwasserspiegel und umliegende Feuchtgebiete trocknen aus. Die Abgase und die Abwärme von Kraftwerken und Autos vergiften unsere Luft und verändern das Klima.
Darüber hinaus ist der Transport von Öl und Gas mit Gefahren verbunden. Immer wieder kommt es zu Unfällen, bei denen weite Landstriche durch Öl verpestet werden.
Solar- und Windkraftwerke sowie Wasserkraftwerke gelten als umweltfreundlichere Energieversorger. Sie können zur Zeit jedoch nur einen geringen Teil unseres Energiebedarfs decken.

Um wertvolle Energie zu sparen, unternehmen Forschung, Industrie und Handwerk viele Anstrengungen. Jeder einzelne – auch du – kann ebenfalls seinen Beitrag dazu leisten:

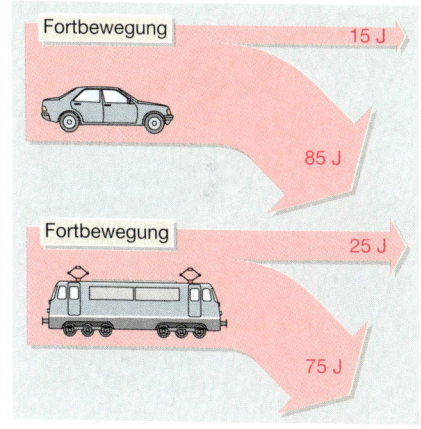

1 Von 100 J dienen beim Auto nur 15 J der Fortbewegung, bei der Elektrolokomotive (Kraftwerk eingeschlossen) immerhin 25 J.

Im Haushalt kannst du Energie einsparen, wenn du Elektrogeräte nicht unnötig betreibst: Schalte das Licht, das Radio oder den Fernseher aus, wenn sich keiner im Zimmer befindet. Reicht statt des Bades nicht auch eine kurze Dusche?
Beim Heizen kann gespart werden, wenn man Thermostatventile richtig einstellt und richtig lüftet (kurz, aber kräftig!). Ein Viertel der Energie lässt sich bereits einsparen, wenn die Raumtemperatur nur 20°C statt 24°C beträgt.
Bei Fahrten und Reisen sparst du wertvolle Energie, wenn du öffentliche Verkehrsmittel benutzt. Dabei ist die elektrische Lokomotive (Kraftwerk eingeschlossen) günstiger als ein Straßenfahrzeug mit Verbrennungsmotor (Abb. ▶ 1). Auf kürzeren Strecken allerdings ist das Fahrrad immer noch unschlagbar.

Energie 77

AUFGABEN

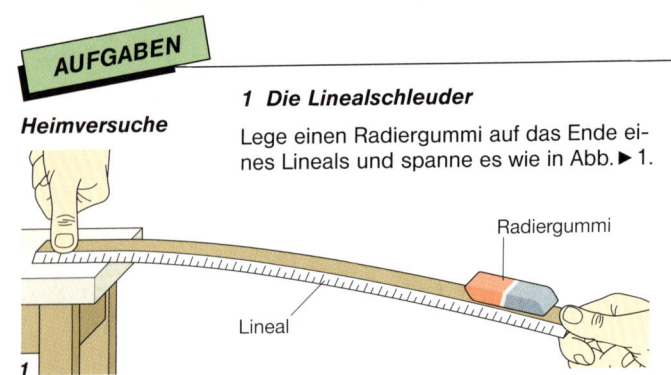

Heimversuche

1 Die Linealschleuder
Lege einen Radiergummi auf das Ende eines Lineals und spanne es wie in Abb. ▶ 1. Wenn du das Lineal nun beim Radiergummi loslässt, fliegt der Radiergummi hoch. Beschreibe diesen Vorgang mit einer Energietransportkette. Beginne beim gespannten Lineal.

Radiergummi
Lineal

1

2 Jo-Jo
Übe mit dem Jo-Jo zu spielen. Warum musst du dem Jo-Jo regelmäßig Energie zuführen? Wie machst du das?

Fragen

Zu Transport und Speicherung von Energie

① **a)** Nenne 3 Energiespeicher und 3 Energieumsetzer.
b) Nenne den Unterschied zwischen Energiespeichern und Energieumsetzern.

② Auf welche Weise ist bei den Uhren aus Abb. ▶ 2 Energie gespeichert?

③ Weshalb gehen Brennstoffe wie Kohle und Erdöl zur Neige?

④ Erstelle eine Energietransportkette für die Vorgänge in einem Kohlekraftwerk.

⑤ Erstelle eine Energietransportkette für die Vorgänge in einem Wasserkraftwerk. Überlege dabei auch, woher das hochgehobene Wasser seine Energie bekommen hat!

Zur Entwertung von Energie

⑥ Ohne Antrieb pendelt eine Schaukel langsam aus. Wo bleibt die Energie?

⑦ Suche im Buch nach Energietransportketten und setze sie nach vorne und hinten fort.

⑧ Ein Elektrokran hebt eine Betonplatte hoch. Dabei wird der Motor warm. Stelle den Vorgang in einem Energiediagramm dar. Wird die Energie hier vollständig entwertet?

Weitere Probleme

⑨ Erkundige dich, wie die Umgebung von Kraftwerken bei der Energieumsetzung verändert wird.

⑩ Der Assuan-Staudamm brachte den Ägyptern zusätzliche Energie, aber zugleich manche neue Probleme. Versuche etwas darüber in Erfahrung zu bringen.

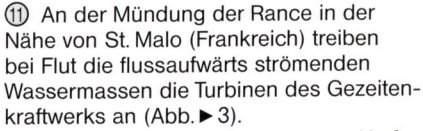

⑪ An der Mündung der Rance in der Nähe von St. Malo (Frankreich) treiben bei Flut die flussaufwärts strömenden Wassermassen die Turbinen des Gezeitenkraftwerks an (Abb. ▶ 3).
a) Nenne Vor- und Nachteile dieses Kraftwerks.
b) Versuche mit Hilfe anderer Bücher herauszubekommen, warum gerade bei St. Malo ein Gezeitenkraftwerk besonders gut arbeitet.

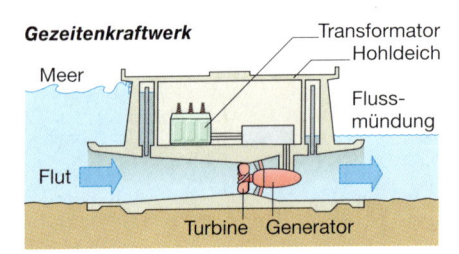

Gezeitenkraftwerk

Transformator
Hohldeich
Meer
Flussmündung
Flut
Turbine   Generator

3 Das Gezeitenkraftwerk bei St. Malo

⑫ Auf Mülldeponien entstehen beim Verrotten des Mülls oft brennbare Gase. Wie könnte man sie sinnvoll nutzen?

⑬ In größeren Betrieben wird durch „Wärmerückgewinnung" (Abb. ▶ 4) Energie gespart. Wie gibt hier die warme Abluft einen großen Teil ihrer Energie an die kalte Zuluft ab?

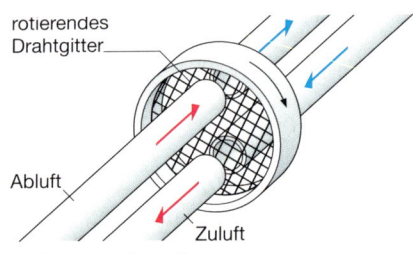

rotierendes Drahtgitter
Abluft
Zuluft

4 Wärmerückgewinnung

2 Verschiedene Uhren (a, b, c)

78 Energie

Stichwortverzeichnis

A

Absorption 24, 59
Abstoßung 45
Akku 18, 19, 30, 31, 51
Ampel 37, 41
Anomalie des Wassers 11
Anschlussstelle 31
Anziehung 45
Auge 62
Ausbreitung des Lichtes 66
Ausdehnung
– fester Körper 7
– von Flüssigkeiten 10
– von Gasen 10
Ausschalten 32
Außenleiter 53
Auto 39, 77

B

Batterie 31
beleuchteter Gegenstand 58
Bimetall 9, 15
Bimetallschalter 50
Bimetallthermometer 9
Blockbatterie 31
Brennstoff 19, 75, 77
Bügeleisen 50

C

Celsius 12, 13
Celsius, Anders 13

D

Dauermagnet 44
Dämmerungsschalter 62
Denkschaltung 36, 40
Dicke eines Leiters 47
Dynamo 30, 31, 39, 74, 75

E

Eichen 13
Einfallslot 66
Einfallswinkel 66
Einschalten 32
elektrische Anlage 52
elektrische Klingel 46
Elektrokran 46
Elektromagnet 44
Elektromotor 51
Elektron 33
Energie 51, 63
– beim Abkühlen 18, 19
– beim Erhitzen 18, 19
– beim Menschen 19
– in Nahrungsmitteln 19
– und Licht 63
Energiediagramm 19, 74, 75

Energieentwertung 76, 77
Energiesparen 77
Energiespeicherung 74
Energietransport 20, 22, 23, 24, 74
Energieumsetzung 51, 74, 76
Energieversorgung 52
Erde als Magnet 46
erden 53

F

Fahrenheit 13
Fahrenheit, Daniel Gabriel 13
Fahrradbeleuchtung 39, 61
Farben 60
farbiges Licht 60
Feuermelder 9, 50
Feuersetzen 8
Film 62
Flachbatterie 31
Flüssigkeitsthermometer 13
Fotoapparat 62
Fotodiode 62
fotografieren 67
Frost 11

G

Gasthermometer 16
gefährliche Schaltung 48
Generator 39, 52
geradlinige Lichtausbreitung 66
Gerät, elektrisches 30, 31
Glühlampe 31

H

Halbmond 70
Halbschatten 69
Hauptsicherungskasten 52
Heißluftmaschine 17
Heizspirale 47
Heizwendel 47, 50, 51
Heizung 22, 28
hintereinander schalten 36

I

Isolator 34

J

Joule (J) 19

K

Kabel 34
Kernschatten 69
Klingel 46
Kochtopf 17
Kompass 46, 55
Kontakt 31

Kraftwerk 52, 75, 77, 78
Kraftwirkung 45
Kühlschrank 20
Kurzschluss 48, 53

L

Lebensgefahr 53
Leiter, elektrischer 34
Licht im Verkehr 61
Lichtausbreitung 66
Lichtbündel 59, 66
Lichtempfänger 62
Lichtquelle 58
Lichtstrahl 66
– einfallender 66
– reflektierter 66
Lichtwirkung des elektrischen
   Stromes 47
Lochkamera 67

M

Magnet 44, 45
magnetische Kraft 44, 45
magnetisierbar 45
Magnetpol 44, 46
Material des Leiters 47
Messbereich 13
Minuspol 30
Mond 70
Mondfinsternis 70
Mondphasen 70
Monozelle 31

N

Nacht 70
Nennspannung 31
Netzhaut 62
Neumond 70
Neutralleiter 53
Nordpol 44

O

ODER-Schaltung 36
Oberleitung 39, 42

P

parallel schalten 36
Parallelschaltung 38
Pluspol 30
Prisma 60
Pol, elektrischer 30
Pole des Magneten 44, 46
Pupille 62
Pumpspeicherwerk 74

Q

Quelle, elektrische 30, 31

R

Randstrahl 68
Reflektor 61
Reflexion 24, 59
– gerichtete 59
– ungerichtete 59
– am Spiegel 66
Reflexionswinkel 66
Regeltemperatur 50
Regenbogen 60
Reibung 76
Reihenschaltung 38
Relais 54
Rettungsfolie 17, 25
Rücklicht 61

S

Schalter 32
Schaltplan 33
Schaltung 36, 37, 38, 39
– gefährliche 48
Schaltzeichen 33
Schatten 68
Schattenbild 68, 69
Schattenraum 68
Scheinwerfer 39, 61
Schmelzdraht 49
Schmelzsicherung 49
schutzisoliert 53
Schutzleiter 53
sehen 58
Sicherheit im Stromkreis 49
Sicherheitseinrichtung 53
Sicherheitsschaltung 36
Sicherungsautomat 49, 52, 53

Solarheizung 63
Skala 12
Solarzelle 30, 62, 74
Sonne 18, 24, 75
Sonnenenergie 24
Sonnenfinsternis 70
Sonnenkollektor 24
Sonnenuhr 71
Spektrum 60
Stabmagnet 44
Steckdose 30
Steigrohr 10, 12
Strom, elektrischer 32, 33
Stromkreis, elektrischer 32
Strommesser 33, 34
Südpol 44

T

Tag 70
Taschenlampe 42
Tauchsieder 51
teilweise Absorption 59
Temperatur 12, 13
Temperaturempfinden 12, 21
Temperaturerhöhung 7, 10, 47
Temperaturregelung 50
Thermometer 9, 12, 13
Thermosflasche 16, 27
Thermostat 11, 50
Transformator 52
Treppenhausbeleuchtung 37
trickreiche Schaltung 39

U

Übergangsschatten 70

Überlastung 49
Umgebung 51
umpolbar 45
Umschalter 37
Umwelt 77
UND-Schaltung 36
Unterkühlung 21, 28

V

Verbraucher 51
Verbrennung 21
Versuchsprotokoll 8, 35
da Vinci, Leonardo 67
Vollmond 70
vollständige Absorption 59
Volt (V) 31
Vorratsbehälter 10, 12

W

Wärmedämmung 25
Wärmeleitung 20
Wärmemitführung 22, 23
Wärmerückgewinnung 78
Wärmestrahlung 24
Wärmewirkung des elektrischen Stromes 47
Wechselschaltung 37
Weg des Lichtes 59
weißes Licht 60
Wellrohr 11, 16
Wind 23, 27
Wohnungsklingel 36

Z

Zähler 52

Bildquellenverzeichnis

Einband: Isaac Newton (Archiv für Kunst und Geschichte, Berlin) verfremdet und gespiegelt.

6.1 Johann Leupold, Wendisch Evern; – 11.2 Junkers (77000), Robert Bosch GmbH, Wernau; – 14.3 BASF, Ludwigshafen; – 17.2 Deutsches Rotes Kreuz, Bergwacht Württemberg, Stuttgart; – 25.2 Grünzweig + Hartmann AG, Ludwigshafen; – 26.3 D. Halder, Stuttgart; – 28.4 Mauritius Bildagentur, Troisfontaines, Mittenwald; – 29.1 Fridmar Damm, Köln; – 29.2 Mauritius Bildagentur, Schön, Mittenwald; – 43.1 Mauritius Bildagentur, Pele, Mittenwald; – 43.2 Mauritius Bildagentur, Schwarz, Mittenwald; – 43.3 Demag Fördertechnik, Wetter; – 57.1 GLOBUS PRESS INT., Allianz Versicherung (HP-9768-8-93), Köln; – 57.3 dpa, Haid, Frankfurt; – 59.2 Theo Homolka, Böblingen; – 60.1 Toni Angermayer, Hans Pfletschinger, Holzkirchen; – 60.2 Mauritius Bildagentur, ACE, Mittenwald; – 61.1 Mauritius Bildagentur, Rossenbach, Mittenwald; – 61.2 GLOBUS PRESS INT., DVAG (GP-7676-48-90), Köln; – 63.1 dpa, Kleefeldt, Frankfurt; – 65.1 Mauritius Bildagentur, Ravenswaay, Mittenwald; – 65.2 Bavaria, TCL, Gauting bei München; – 68.1 Grindler, Leinfelden; – 70.1 Carl Zeiss, Oberkochen; – 73.1 dpa, Ossinger, Frankfurt; – 73.2 Mauritius Bildagentur, Lindner, Mittenwald; – 74.4 RWE, Essen; – 76.4 H. Geissler/U. Weng, F. H. Darmstadt.

Alle übrigen Fotografien stammen von Ginger Neumann und Thomas Zörlein – WERKSTATT FOTOGRAFIE, Stuttgart.